Fondue & Co.

★★★★★

Sind Sie mit diesem Titel zufrieden? Dann würden wir uns über Ihre Weiterempfehlung freuen. Erzählen Sie es im Freundeskreis, berichten Sie Ihrem Buchhändler oder bewerten Sie beim Onlinekauf. Und wenn Sie Kritik, Korrekturen, Aktualisierungen haben, freuen wir uns über Ihre Nachricht an:

Christian Verlag
Postfach 40 02 09
D-80702 München
oder per E-Mail an: lektorat@verlagshaus.de

Unser Verlagsprogramm finden Sie unter

 www.christian-verlag.de

Produktmanagement: Annemarie Heinel
Textredaktion: Doreen Köstler
Korrektur: Petra Tröger
Layout und Satz: Heike Gürtler, Gürtler Design
Umschlaggestaltung: Caroline Daphne Georgiadis, Daphne Design, unter Verwendung eines Fotos von Rafael Pranschke
Repro: Repro Ludwig, Zell am See
Herstellung: Bettina Schippel

Text und Rezepte: Rafael Pranschke
Fotografie: Rafael Pranschke
Foodstyling: www.foodatelier.de

Printed in Slovenia by Korotan

Alle Angaben in diesem Werk wurden vom Autor sorgfältig recherchiert und auf den aktuellen Stand gebracht sowie vom Verlag geprüft. Für die Richtigkeit der Angaben kann jedoch keinerlei Haftung übernommen werden.

Die Deutsche Nationalbibliothek verzeichnet diese Publikation in der Deutschen Nationalbibliografie; detaillierte bibliografische Daten sind im Internet über http://dnb.d-nb.de abrufbar.

© 2014 Christian Verlag GmbH, München

Alle Rechte vorbehalten.

ISBN 978-3-86244-675-9

Meine Empfehlung
Sind Sie auf den Geschmack gekommen? Dann würde ich Ihnen auch gerne folgende Bücher empfehlen:
»Fast & Food« und »Salz & Pfeffer«
Ihr Rafael Pranschke

Fondue & Co.

80 aufgegabelte Rezepte

CHRISTIAN

Inhalt

Vorwort 7

Gelingtipps für ein leckeres Fondue und einen entspannten Abend 8

Käsefondues 13
Genuss zum Dahinschmelzen

Ölfondues 45
In Aromen schwelgen

Brühefondues
Würzig, gesund und lecker

73

Süße Fondues
Immer eine Sünde wert

105

Beilagen
Mehr als nur eine Zugabe

137

Register

158

Vorwort

Gibt es etwas Schöneres, als einen geselligen Abend mit der Familie oder mit Freunden zu verbringen? Eine der charmantesten Arten, in großer Runde zu speisen, ist ein Fondue: Es ist fix vor- und zubereitet und verströmt leckere Düfte. Häppchen für Häppchen wird dann in den Topf getaucht und mit verschiedenen Saucen und Beilagen genossen.

Aber wissen Sie schon, was in den Fonduetopf kommen soll? Wenn Sie nun an Käse und Fleisch oder ein zart schmelzendes Schokoladenfondue denken, liegen Sie natürlich richtig. Aber auch wieder nicht so ganz. Ob Obatzter-Fondue, Maishähnchenfondue Teriyaki mit Erdnussdip, Asia-Chicken-Nuggets-Fondue mit Mango, Kokos-Curry-Fondue mit Tofu oder exquisite Dessertfondues: Die Variationen sind unglaublich abwechslungsreich und verwöhnen Ihren Gaumen. Gehen Sie auf Entdeckungsreise und lassen Sie sich von den raffinierten Rezeptideen begeistern!

Einleitung

Gelingtipps für ein leckeres Fondue und einen entspannten Abend

Obwohl das Fondue eine einfache Art der Zubereitung ist, gibt es doch einige Grundregeln, die Sie beim Kauf der Zutaten und beim Vor- und Zubereiten des Fondues beachten sollten.

Welcher Fonduetopf wofür?

Die Wahl des Topfes hängt von der Art des Fondues ab. Für ein Käsefondue ist ein hochwertiger, feuerfester Steingut- oder Keramiktopf – auch Caquelon genannt – am besten geeignet. Dieser Topf ist meistens etwas flacher und breiter als Fonduetöpfe aus Metall. Die Temperatur verteilt sich in ihm sehr gleichmäßig, wodurch ein Anbrennen oder zu schnelles Abkühlen der Käsemasse verhindert wird. Gerührt wird das Fondue ausschließlich mit einem Holzlöffel, denn Metall verdirbt den Geschmack.

Für ein Öl-, Fett- oder Brühefondue braucht man einen etwas höheren, hitzebeständigen Fonduetopf aus Kupfer, Edelstahl oder Gusseisen, der sich nach oben meistens etwas verengt. Zusätzlich gibt es oft noch einen Spritzschutz, der verhindert, dass heißes Fett oder heiße Brühe herausspritzt und dass Fett auf das Rechaud tropft und sich dort womöglich entzündet.

Wichtig ist der Temperaturcheck: Ein Käsefondue gelingt am besten bei 85 °C, ein Brühefondue bei 100 °C und Öl- und Fettfondues bei 160–180 °C.

Süße Fondues lassen sich ebenfalls in Keramik- oder Steinguttöpfen zubereiten. Da Schokolade – ein Hauptbestandteil dieser Fondues – sehr wärmeempfindlich ist und ab 50 °C eine feste Konsistenz erhält, reicht meistens ein Teelicht als Wärmequelle. Auch ein Elektrofondue mit regelbarem Thermostat eignet sich super zum Schmelzen von Schokolade.

Einleitung

Andere nützliche Helfer

Ohne Fonduegabeln kein Fonduegenuss. Auf ihnen lassen sich die Zutaten fest und sicher aufspießen und am Topf befestigen. Für empfindliche Zutaten wie Gemüse, Fisch, Hackbällchen und Reispäckchen haben sich Körbe aus feinem Drahtgeflecht bewährt. Diese kann man z. T. auf- und zuklappen und einfach in den Fonduetopf tauchen.

Auf dem Rechaud wird das Fondue warm gehalten. Rechauds, die mit Spiritus betrieben werden, verbreiten einen etwas unangenehmen Geruch. Ganz ungefährlich sind sie auch nicht: Kippen sie um, verteilt sich der flüssige Spiritus ruck, zuck auf dem Tisch und kann im schlimmsten Fall einen Brand verursachen. Gute Alternativen sind Rechauds, die mit einer speziellen Brennpaste oder einem Gasbrenner entfacht werden, oder Elektrofondues.

Und natürlich brauchen Sie Schälchen und andere Behältnisse für Saucen, Dips und Beilagen.

Käsefondue – auf die Zutaten kommt es an

Die Auswahl und das Verhältnis der Zutaten bestimmen den Geschmack. Traditionell bilden französische oder Schweizer Käsesorten wie Gruyère, Emmentaler, Appenzeller oder Raclette die Basis für ein Käsefondue. Aber auch Käsesorten aus Italien, Irland, Österreich oder Deutschland überzeugen durch ihren Geschmack. Wichtig ist in jedem Fall, dass der Käse gut schmelzen kann.

Als Flüssigkeit für ein Käsefondue wird säurebetonter, trockener Wein oder Bier verwendet. Der Alkohol und die Säure lassen den Käse gut schmelzen. Lassen Sie Wein oder Bier leicht simmern und fügen Sie dann den Käse in kleinen Portionen hinzu. Ein Käsefondue sollte niemals kochen, da es sonst zähflüssig wird.

Einleitung

Die wichtigsten Tipps und Kniffe für ein perfektes Gelingen:

- Bier und Wein sollten vor der Zubereitung immer Zimmertemperatur haben.
- Die Flüssigkeit muss immer kurz unter dem Siedepunkt gehalten werden.
- Den Käse reiben oder in Würfel schneiden.
- Den Käse gegebenenfalls mit Mehl bestauben oder in Mehl wenden.
- Beim Schmelzen des Käses immer in Form einer Acht am Topfboden rühren.
- Falls das Fondue zu dickflüssig ist, einfach etwas Wein oder Bier zufügen.
- Ist das Fondue zu flüssig, etwas Käse oder Speisestärke dazugeben. Die Speisestärke vorher in Wein oder Obstbrand auflösen.
- Ist der Käse klumpig geworden, 1 TL Zitronensaft zugeben und rühren, bis eine homogene Masse entstanden ist.

Fondues mit Öl oder Brühe

Ölfondues sind sehr einfach in der Zubereitung: Die Zutaten werden einfach in das heiße Öl getaucht. Dabei werden sie nicht nur gegart, sondern auch gebraten beziehungsweise frittiert, was ihnen feine Röstaromen verleiht. Für Ölfondues empfehlen sich zarte Fleischstücke von Geflügel, Rind, Kalb oder Schwein. Auch Fisch und Meeresfrüchte mit festem Fleisch und Gemüse mit festerer Struktur eignen sich gut. Entscheidend ist hier das richtige Öl. Wählen Sie geschmacksneutrale Sorten wie Rapsöl, Distelöl oder Maisöl. Erdnussöl ist besonders zu empfehlen, da es sehr hitzebeständig ist und erst bei hohen Temperaturen anfängt zu rauchen.

Einleitung

Beim Brühefondue werden die Zutaten in siedender Fleisch-, Fisch- oder Gemüsebrühe gegart. Bei der Brühe haben Sie die Wahl zwischen selbst zubereiteter Brühe, Fertigbrühe oder Brühwürfeln aus dem Supermarkt. Die Brühe wird in einem Topf auf dem Herd aufgekocht, dann in den Fonduetopf gefüllt und auf dem Rechaud am Simmern gehalten. Da die Brühe nicht so heiß wird wie ein Ölfondue, sollte das Gargut immer etwas dünner geschnitten werden.

Die wichtigsten Tipps und Kniffe für ein perfektes Gelingen:

- Das Fett erst in einem Topf erhitzen und anschließend in den Fonduetopf füllen. Das geht schneller und spart Brennpaste oder Spiritus.
- Festes Gemüse wie Karotten oder Brokkoli vor dem Frittieren in kochendem Salzwasser bissfest blanchieren.
- Die Brühe kann nach Belieben aromatisiert und verfeinert werden.
- Feuchtes Gargut mit etwas Speisestärke bestauben, damit es beim Frittieren nicht spritzt.
- Empfindliches Gargut wie Fische oder Meeresfrüchte am besten in einem Fonduekörbchen zubereiten.
- Die Mengen bei einem Fondue hängen ein wenig von den eigenen Gewohnheiten ab. Als Richtwert gelten 200–300 g Fleisch oder Fisch pro Person. Hinzu kommen Brot und Beilagen.

Und nun: Guten Appetit und viel Vergnügen!

Käsefondues

Genuss zum Dahinschmelzen

Das Käsefondue ist die klassischste Variante, die nicht nur in der Schweiz äußerst beliebt ist. Weißwein, Mehl, Knoblauchzehen, ein Schuss Obstler, Gewürze wie Muskatnuss und Pfeffer und natürlich die richtige Käsemischung – das sind die wichtigsten Zutaten, die Sie dafür benötigen. Doch beim Blick auf die reiche Auswahl in der Käsetheke ist es wenig verwunderlich, dass es die eine Mischung und die eine Variante der Zubereitung nicht gibt. In diesem Kapitel finden Sie einige Anregungen für abwechslungsreichen Fonduespaß. Aber Achtung: Gemäß der Tradition muss der, der sein Stück Brot im Käseschmelz verliert, eine Runde geben!

Käsefondues

Schweizer Käsefondue

Der Klassiker der Fondueküche – ein zart schmelzender Gaumenkitzel aus pikanten Käsesorten.

Zubereitung: 30 Minuten
Ergibt 6 Portionen

Zutaten

400 g Emmentaler
400 g Gruyère
1 Knoblauchzehe
400 ml trockener, säurebetonter Weißwein
1–2 EL Speisestärke
4 cl Obstbrand
frisch geriebene Muskatnuss
frisch gemahlener weißer Pfeffer
1 kerniges Landhausbaguette oder Landhausbrot mit kräftiger Kruste

▌ Emmentaler und Gruyère grob reiben. Die Knoblauchzehe schälen und mit dem Messerrücken auf der Arbeitsfläche andrücken. Den Fonduetopf mit der zerdrückten Zehe ausreiben.

▌ 300 ml Weißwein in den Fonduetopf füllen und langsam auf dem Herd erhitzen, bis die Flüssigkeit aufwallt. Die Temperatur reduzieren und den Käse nach und nach mit einem Holzlöffel untermengen. So lange erhitzen, bis der gesamte Käse geschmolzen ist. Dabei beständig umrühren.

▌ In einer kleinen Schüssel die Speisestärke mit dem restlichen Weißwein anrühren und das Fondue damit binden. Die Mischung weiter erhitzen und unter Rühren am Siedepunkt halten, bis sich Käse und Wein zu einer homogenen Masse verbunden haben.

▌ Den Obstbrand hinzufügen und kräftig mit Muskat und Pfeffer würzen. Den Fonduetopf auf das Rechaud stellen und heiß halten.

▌ Das Baguette in Stücke brechen oder schneiden und zum Fondue reichen. Dazu am besten einen leichten Salat oder eingelegtes Gemüse servieren.

Tipp: Damit sich Käse und Wein nicht trennen, ist es wichtig, das Käsefondue fortwährend mit einem Holzlöffel zu rühren. Sollte die Emulsion doch einmal ihre Bindung verlieren, einfach erneut ein wenig aufgelöste Speisestärke einrühren.

Französisches Käsefondue

Würziger Käse, Wein und Kirschwasser verschmelzen zu einem kulinarischen Verwöhnprogramm für Ihre Geschmacksnerven.

Zubereitung: 30 Minuten
Ergibt 6 Portionen

Zutaten

1 Knoblauchzehe
1 EL Butter
350 g Comté
450 g Beaufort
400 ml trockener französischer Weißwein
1–2 EL Speisestärke
Saft von ½ Zitrone
5 cl Kirschwasser
frisch geriebene Muskatnuss
frisch gemahlener weißer Pfeffer
1 Bauernbrot

- Die Knoblauchzehe schälen und ganz fein schneiden. Die Butter im Fonduetopf zum Schmelzen bringen und den Knoblauch darin anschwitzen. Den Topf vom Herd nehmen und die Knoblauchbutter durch Schwenken gleichmäßig auf der Topfinnenseite verteilen.

- Beide Käsesorten von der Rinde befreien und in feine Streifen schneiden. In den Fonduetopf geben und mit dem Weißwein auffüllen. Unter ständigem Rühren mit einem Holzlöffel behutsam erhitzen, bis der Käse geschmolzen ist.

- In einer kleinen Schüssel die Speisestärke in etwas Zitronensaft auflösen und das Fondue damit binden. Abschließend das Käsefondue mit Kirschwasser, Muskat und Pfeffer würzen.

- Den Fonduetopf auf das Rechaud stellen und den Käse leicht simmern lassen.

- Das Brot erst in 2 cm dicke Scheiben und anschließend in Würfel schneiden. Zum Fondue servieren.

Dazu passen: frische Salate, die mit kräftigen Essigsorten und Nussöl angemacht sind, und französische Wurstwaren.

Tipp: Rühren Sie Käsefondues mit einem Holzlöffel immer in Form einer Acht. So schmilzt der Käse besser, zieht keine Fäden und brennt garantiert nicht an. Das Fondue sollte bei der Zubereitung nie kochen, sonst wird der Käse zähflüssig.

Italienisches Pizza-Fondue

Bella Italia! Dieses Fondue schmeckt so richtig nach Sommerurlaub.

Zubereitung: 30 Minuten
Ergibt 6 Portionen

Zutaten

250 g Emmentaler
80 g Parmesan
80 g Mozzarella
1 Knoblauchzehe
175 ml trockener italienischer Weißwein
1 kleine Dose Tomaten
1–2 EL Speisestärke
Saft von ½ Zitrone
frisch gemahlener weißer Pfeffer
1 Bund Basilikum
1 Bund Oregano
1 Focaccia
8 Scheiben Parmaschinken

- Emmentaler und Parmesan grob reiben. Mozzarella in feine Würfel schneiden. Die Knoblauchzehe schälen und mit dem Messerrücken auf der Arbeitsfläche andrücken. Den Fonduetopf mit der zerdrückten Zehe ausreiben.

- Den Weißwein in den Fonduetopf füllen und langsam auf dem Herd erhitzen, bis die Flüssigkeit aufwallt. Die Temperatur reduzieren und den Käse nach und nach mit einem Holzlöffel untermengen. So lange erhitzen, bis der gesamte Käse geschmolzen ist. Dabei häufig umrühren.

- Die Tomaten auf einem Sieb gut abtropfen lassen. Anschließend fein hacken, in das Fondue geben und umrühren.

- In einer kleinen Schüssel die Speisestärke in etwas Zitronensaft auflösen und das Fondue damit binden. Mit Pfeffer würzen.

- Den Fonduetopf auf das Rechaud stellen und den Käse leicht simmern lassen.

- Basilikum und Oregano waschen, trocken tupfen und die Blätter von den Stielen zupfen. Basilikum und Oregano behutsam in das Fondue rühren.

- Die Focaccia in Stücke schneiden und zum Fondue reichen. Die Focaccia-Stücke können jeweils auch mit einem Stück Parmaschinken umwickelt und dann getunkt werden.

Tipp: Die Kräuter können Sie ganz nach persönlichem Gusto variieren. Rosmarin und Thymian sind beispielsweise auch hervorragende Begleiter.

Frischkäsefondue mit Krabben

Raffiniert und überraschend: Dieses Fondue hat das gewisse Etwas!

Zubereitung: 30 Minuten
Ergibt 6 Portionen

Zutaten

250 g Frischkäse
100 ml Gemüsebrühe
100 ml Sahne
1 EL Olivenöl
1 Knoblauchzehe
2 Frühlingszwiebeln
150 g Blauschimmelkäse
Saft von 1 Zitrone
frisch gemahlener weißer Pfeffer
Salz
250 g Nordseekrabben
1 Stangenweißbrot

Frischkäse, Gemüsebrühe und Sahne mit dem Stabmixer zu einer homogenen Masse verarbeiten. Das Olivenöl im Fonduetopf erhitzen. Die Knoblauchzehe schälen und im Olivenöl anschwitzen, dann wieder aus dem Topf nehmen.

Die Frühlingszwiebeln waschen, putzen und in Ringe schneiden. In den Fonduetopf geben und 1 Minute bei geringer Temperatur anschwitzen. Die Frischkäse-Sahne-Mischung zufügen und langsam aufkochen.

Den Blauschimmelkäse von der Rinde befreien, in Stücke schneiden und im Fonduetopf schmelzen lassen. Dabei immer wieder mit einem Holzlöffel umrühren. Mit Zitronensaft, Pfeffer und Salz würzen.

Die Nordseekrabben unter kaltem Wasser waschen, ausdrücken und in das heiße Fondue rühren. Den Fonduetopf auf das Rechaud stellen und warm halten.

Das Stangenweißbrot erst in 2 cm dicke Scheiben, dann in Würfel schneiden. Zum Fondue servieren.

Tipp: Anstelle der Krabben können Sie auch Shrimps verwenden.

Käsefondues

Speckfondue mit Stangenbohnen und Schwarzbrot

Dieses herzhaft-deftige Fondue ist perfekt für einen Genießerabend mit Freunden.

Zubereitung: 30 Minuten
Ergibt 6 Portionen

Zutaten

80 g Speck
1 Schalotte
225 ml trockener Weißwein
350 g Provolone
200 g Mascarpone
1–2 EL Speisestärke
3 EL Milch
1 TL edelsüßes Paprikapulver
frisch geriebene Muskatnuss
frisch gemahlener weißer Pfeffer
250 g Stangenbohnen
Salz
200 g Schwarzbrot (am Stück)

▌ Den Speck in Würfel schneiden und im Fonduetopf bei mittlerer Temperatur 5 Minuten anbraten. Die Schalotte schälen, ebenfalls in Würfel schneiden, in den Fonduetopf geben und anschwitzen. Die Speck-Zwiebel-Mischung mit Weißwein ablöschen und vom Herd nehmen.

▌ Den Provolone von der Wachsrinde befreien und grob reiben. Provolone und Mascarpone in den Fonduetopf geben und langsam erhitzen, bis der Käse geschmolzen ist. Dabei immer wieder mit einem Holzlöffel umrühren.

▌ In einer kleinen Schüssel die Speisestärke in der Milch auflösen und das Fondue damit binden. Mit Paprikapulver, Muskat und Pfeffer würzen.

▌ Den Fonduetopf auf das Rechaud stellen und warm halten.

▌ Die Stangenbohnen putzen und waschen, in kochendem Salzwasser bissfest blanchieren und in 3 cm lange Rauten schneiden.

▌ Das Schwarzbrot in 2 x 2 cm große Würfel schneiden. Einige Bohnenrauten mit jeweils einem Brotwürfel auf die Fonduegabeln spießen und in das Fondue tauchen.

Tipp: Eine erfrischend-fruchtige Ergänzung zum Speckfondue sind Birnen- oder Apfelspalten.

Käsefondues

Cheddar-Fondue mit Spinat

Dieses Fondue überzeugt in Geschmack und Aussehen gleichermaßen.

Zubereitung: 30 Minuten
+ 45 Minuten Auftauzeit
Ergibt 6 Portionen

Zutaten

150 g TK-Spinatblätter
1 Knoblauchzehe
400 g Cheddar
1–2 EL Mehl
250 ml helles Bier
frisch gemahlener weißer Pfeffer
2 EL grober Senf
1 mittelgroßes Baguette

- Den Tiefkühlspinat auftauen lassen.

- Die Knoblauchzehe schälen und mit dem Messerrücken auf der Arbeitsfläche andrücken. Den Fonduetopf mit der zerdrückten Zehe ausreiben.

- Cheddar in kleine Würfel schneiden, in den Topf geben und mit dem Mehl vermengen. Das Bier dazugießen und langsam erhitzen, bis der Käse geschmolzen ist. Dabei immer wieder mit einem Holzlöffel umrühren.

- Den Spinat ausdrücken und mit einem Messer fein schneiden. Spinat in das Käsefondue geben, umrühren und mit Pfeffer würzen. Den Senf einrühren.

- Den Fonduetopf auf das Rechaud stellen und das Fondue leicht simmern lassen.

- Das Baguette in Scheiben schneiden und zum Fondue servieren.

Tipp: Über unterschiedliche Reifegrade können Sie bestimmen, ob das Fondue eher mild oder kräftig-würzig schmeckt. Allerdings sollte der Käse weder zu jung noch zu alt sein, da es sonst zur Klümpchenbildung oder Fettabsonderung beim Schmelzen kommt.

Käse-Whisky-Fondue mit Ahornsirup und Früchtebrot

Dieses Fondue schmeckt am besten mit einem milden schottischen Single-Malt-Whisky.

Zubereitung: 30 Minuten
Ergibt 6 Portionen

Zutaten

250 g Emmentaler
150 g Gruyère
1 Knoblauchzehe
300 ml trockener Weißwein
1–2 EL Speisestärke
60 ml Whisky
100 ml Ahornsirup
frisch gemahlener weißer Pfeffer
Frühlingszwiebelringe, nach Belieben
Rosa Pfeffer, nach Belieben
250 g Früchtebrot

- Emmentaler und Gruyère grob reiben. Die Knoblauchzehe schälen und mit dem Messerrücken auf der Arbeitsfläche andrücken. Den Fonduetopf mit der zerdrückten Zehe ausreiben.

- Beide Käsesorten in den Fonduetopf geben und mit dem Weißwein auffüllen. Den Fonduetopf auf dem Herd langsam erhitzen, bis der Käse geschmolzen ist. Dabei immer wieder mit einem Holzlöffel umrühren.

- In einer kleinen Schüssel die Speisestärke in 2 EL Whisky auflösen und das Fondue damit binden. Restlichen Whisky und Ahornsirup zufügen und mit Pfeffer würzen.

- Den Fonduetopf auf das Rechaud stellen und das Fondue leicht simmern lassen. Nach Belieben können feine Frühlingszwiebelringe und rosa Pfeffer über das Fondue gestreut werden.

- Das Früchtebrot in Stücke schneiden, ohne Fett in einer beschichteten Pfanne rösten und zum Fondue servieren.

Tipp: Dieses Fondue harmoniert wunderbar mit Wildgeflügel und anderen dunklen Fleischsorten.

Käsefondues

Jarlsberg-Fondue mit Schnittlauch und Steinpilzen

Der Schnittlauch verstärkt den Eigengeschmack der Pilze auf natürliche Weise.

Zubereitung: 30 Minuten
Ergibt 6 Portionen

Zutaten

300 g Jarlsberg
300 g Emmentaler
200 g Steinpilze
1 EL Olivenöl
1 TL edelsüßes Paprikapulver
350 ml trockener Weißwein
1–2 EL Speisestärke
frisch gemahlener weißer Pfeffer
1 Bund Schnittlauch
½ Steinofenbrot

- Jarlsberg und Emmentaler von der Rinde befreien und grob reiben. Die Steinpilze putzen und in Scheiben schneiden.

- Olivenöl im Fonduetopf erhitzen. Die Steinpilze darin 3 Minuten anschwitzen und mit Paprikapulver bestauben. Die Hälfte vom Wein dazugießen. Den Käse hinzufügen und langsam schmelzen lassen. Dabei immer wieder mit einem Holzlöffel umrühren.

- In einer kleinen Schüssel die Speisestärke im restlichen Wein auflösen und das Fondue damit binden. Mit Pfeffer würzen. Das Fondue am Siedepunkt halten.

- Den Schnittlauch waschen, trocken tupfen, in feine Röllchen schneiden und in das Fondue geben.

- Den Fonduetopf auf das Rechaud stellen und das Fondue leicht simmern lassen.

- Das Steinofenbrot in Stücke brechen oder schneiden und zum Fondue servieren.

Tipp: Schweizer Emmentaler gibt diesem Fondue einen kräftigen Geschmack. Der deutsche Allgäuer Emmentaler verleiht ihm ein eher mildes Aroma.

Käsefondues

Käse-Curry-Fondue mit Brokkoli und Reiscrackern

Probieren Sie unterschiedliche Currysorten für diese Delikatesse aus!

Zubereitung: 30 Minuten
Ergibt 6 Portionen

Zutaten

300 g reifer Cheddar
250 g Frischkäse
1 EL Rapsöl
2 TL Currypulver
125 ml trockener Weißwein
frisch gemahlener weißer Pfeffer
1 TL Honig
400 g Brokkoli
200 g Reiscracker

▎ Den Cheddar grob reiben und mit dem Frischkäse vermischen.

▎ Das Rapsöl im Fonduetopf erhitzen. Currypulver hineinstreuen und bei mittlerer Temperatur 2 Minuten rösten, bis es duftet. Den Wein dazugeben. Die Käsemischung hinzufügen und langsam schmelzen lassen. Dabei immer wieder mit einem Holzlöffel umrühren. Mit Pfeffer und Honig würzen.

▎ Brokkoli putzen und in Röschen teilen.

▎ Den Fonduetopf auf das Rechaud stellen und das Fondue leicht simmern lassen. Brokkoli und Reiscracker dazu servieren.

Tipp: Bei Bedarf können Sie das Fondue mit etwas aufgelöster Speisestärke binden. Probieren Sie unbedingt auch indisches Naan-Brot oder Sesambaguette dazu – unglaublich lecker!

Käsefondues

Rarebit-Style-Fondue

Ein Klassiker in neuem Gewand.

Zubereitung: 30 Minuten
Ergibt 6 Portionen

Zutaten

300 g Cheddar
250 g Crème fraîche
½ TL Worcestersauce
1 EL englischer Senf
½ TL Cayennepfeffer
2 Eigelb
3 EL Milch
6 Bagels

- Den Cheddar grob reiben und mit Crème fraîche mischen. Die Käsemasse in den Fonduetopf geben und langsam erhitzen. Dabei immer wieder mit einem Holzlöffel umrühren.

- Wenn der Käse geschmolzen ist, Worcestersauce und Senf zufügen. Mit Cayennepfeffer würzen. Den Fonduetopf vom Herd nehmen.

- Eigelb und Milch verquirlen, die Mischung dann in das Käsefondue rühren. Das Fondue wieder erhitzen und einmal aufkochen lassen. Anschließend den Fonduetopf auf das Rechaud stellen und dazu die Bagels servieren.

Käsefondues

Gorgonzola-Fondue mit Birnen und Walnüssen

Der Gorgonzola verleiht diesem Fondue eine würzige Note.

Zubereitung: 30 Minuten
Ergibt 6 Portionen

Zutaten

300 g Emmentaler
200 g Gorgonzola
2 Schalotten
1 EL Butter
2 EL Mehl
275 ml trockener Weißwein
frisch gemahlener weißer Pfeffer
Saft von 1 Zitrone
30 g Walnüsse
4 Birnen
½ Nussbrot (siehe Seite 140)

- Den Emmentaler in dünne Streifen schneiden. In einer Schüssel den Gorgonzola mit einer Gabel zerkleinern und mit dem Emmentaler mischen.

- Die Schalotten schälen und in feine Würfel schneiden. Die Butter im Fonduetopf schmelzen und die Schalotten darin glasig anschwitzen. Mit dem Mehl bestauben und den Weißwein dazugeben.

- Die Käsemischung in den Fonduetopf geben und langsam erhitzen. Dabei immer wieder mit einem Holzlöffel umrühren. Abschließend das Fondue mit Pfeffer und Zitronensaft würzen.

- Den Fonduetopf auf das Rechaud stellen und das Fondue leicht simmern lassen. Die Walnüsse grob hacken und das Fondue damit bestreuen.

- Die Birnen waschen, trocken tupfen und in Spalten schneiden. Das Nussbrot in kleine Stücke schneiden. Jeweils eine Birnenspalte und ein Stück Nussbrot auf eine Fonduegabel spießen, in den Käse tauchen und genießen.

Tipp: Es muss nicht immer Birne sein. Aromatische Äpfel passen ebenfalls fantastisch zu diesem Fondue.

Käsefondues

Ziegenfrischkäse-Fondue mit Dill und Räucherlachs

Harmonisch mild im Geschmack, einfach und doch so edel.

Zubereitung: 30 Minuten
Ergibt 6 Portionen

Zutaten

350 g Ziegenfrischkäse
200 g Frischkäse
125 ml Milch
400 g Räucherlachs
1 Bund Dill
frisch gemahlener weißer Pfeffer
Saft von ½ Zitrone
20 Grissini (siehe Seite 138)

- Ziegenfrischkäse und Frischkäse im Fonduetopf mit der Milch erwärmen.

- 200 g Räucherlachs in sehr feine Streifen schneiden und zufügen.

- Dill waschen, trocken tupfen, die Fähnchen abzupfen und fein schneiden.

- Das Fondue mit Pfeffer und einem Spritzer Zitronensaft würzen und auf ein Rechaud stellen. Kurz vor dem Servieren den Dill hinzufügen und gut vermengen.

- Die Grissini mit dem restlichen Räucherlachs umwickeln und in das Fondue tauchen.

Tipp: Dippen Sie frische Brioches oder Muffins in das Fondue – ein wahrer Genuss.

Käsefondues

Bayrisches Obatzter-Fondue mit Brezn

Wie Obatzter ist Leberkäse ein echter Klassiker der bayrischen Küche. Beide können in diesem Fondue eine geschmackvolle Allianz eingehen, dann einfach die Bierwurst weglassen.

Zubereitung: 30 Minuten
Ergibt 6 Portionen

Zutaten

500 g Gouda
½ TL Kümmel
1 Knoblauchzehe
3 EL Butter
250 ml trockener Weißwein
1–2 EL Speisestärke
frisch gemahlener weißer Pfeffer
6 große Brezn
300 g Bierwurst, geschnitten

- Den Gouda von der Rinde befreien und grob reiben. Den Kümmel in einem Mörser zermahlen. Die Knoblauchzehe schälen und mit dem Messerrücken andrücken. Die Butter im Fonduetopf schmelzen und den Knoblauch darin 3 Minuten anschwitzen. Die Knoblauchzehe wieder aus dem Topf nehmen.

- Gouda und Kümmel in den Fonduetopf geben und mit dem Weißwein auffüllen. Den Gouda bei mittlerer Temperatur und unter ständigem Rühren schmelzen.

- In einer kleinen Schüssel die Speisestärke in 2 EL Wasser auflösen und das Fondue damit binden. Mit Pfeffer würzen.

- Den Fonduetopf auf das Rechaud stellen und das Fondue leicht simmern lassen.

- Die Brezn in grobe Stücke brechen, auf Fonduegabeln spießen und mit der in Scheiben geschnittenen Bierwurst in das Obatzter-Fondue dippen.

Käsefondue für Kinder

Dieses Fondue ist besonders für Familien geeignet, die den heißen Käsegenuss mit ihren Kindern erleben möchten.

Zubereitung: 30 Minuten
Ergibt 6 Portionen

Zutaten

300 g Gouda
200 g Schmelzkäse
1–2 EL Speisestärke
250 ml Apfelsaft
Saft von 1 Limette
frisch gemahlener weißer Pfeffer
1 EL Honig
½ rote Paprikaschote
½ gelbe Paprikaschote
4 Milchbrötchen (siehe Seite 145)

- Den Gouda von der Rinde befreien und grob reiben. Gouda und Schmelzkäse vermengen.

- In einer kleinen Schüssel die Speisestärke in 2 EL Apfelsaft auflösen. Den restlichen Apfelsaft in den Fonduetopf füllen und erhitzen. Die Käsemischung zufügen und darin schmelzen. Dabei immer wieder mit einem Holzlöffel umrühren.

- Das Fondue mit der aufgelösten Speisestärke binden und mit Limettensaft, Pfeffer und Honig würzen.

- Den Fonduetopf auf das Rechaud stellen und das Fondue leicht simmern lassen.

- Die Paprikaschoten halbieren, entkernen, waschen und in kleine Würfel schneiden. Die Paprikawürfel in das Käsefondue rühren.

- Die Milchbrötchen in grobe Stücke schneiden und zum Fondue servieren.

Tipp: Für ein Käsefondue für Kinder eignen sich milde Käsesorten wie Gouda und Butterkäse besonders gut. Reichen Sie auch gern klein geschnittene, eher herzhafte Obststücke wie Feigen dazu. Das macht den kleinen Genießern bestimmt Lust auf mehr.

Käsefondues

Maisfondue mit Tacos und Jalapeños

Feurig-scharfe Jalapeños wecken die Sehnsucht nach einer kulinarischen Reise nach Mexiko.

Zubereitung: 30 Minuten
Ergibt 6 Portionen

Zutaten

300 g Emmentaler
125 g Cheddar
125 g Schmelzkäse
1 Knoblauchzehe
1 EL Butter
1–2 EL Speisestärke
250 ml trockener Weißwein
Cayennepfeffer
125 g Mais (aus der Dose)
30 g Jalapeños
150 g Tacos

- Emmentaler und Cheddar grob reiben und mit dem Schmelzkäse verrühren.

- Die Knoblauchzehe schälen und in feine Scheiben schneiden. Die Butter im Fonduetopf erhitzen und den Knoblauch darin anschwitzen.

- In einer kleinen Schüssel die Speisestärke in 2–3 EL Weißwein auflösen.

- Den restlichen Wein in den Fonduetopf geben und langsam auf dem Herd erhitzen, bis die Flüssigkeit aufwallt. Die Temperatur reduzieren und die Käsemischung nach und nach mit einem Holzlöffel untermengen. So lange erhitzen, bis der gesamte Käse geschmolzen ist. Dabei häufig umrühren. Das Fondue mit der Speisestärke binden und mit Cayennepfeffer würzen.

- Maiskörner auf einem Sieb abtropfen lassen. Die Jalapeños waschen, trocken tupfen und in dünne Scheiben schneiden. Maiskörner und Jalapeños unter das Käsefondue mischen und aufkochen. Vom Herd nehmen und auf ein Rechaud stellen.

- Das Fondue mit den Tacos servieren.

Ölfondues

In Aromen schwelgen

Fondues, die mit heißem Öl zubereitet werden, bieten leckeren Geschmack für Fleisch, Fisch, Meeresfrüchte und Gemüse: Die Zutaten werden schön knusprig und erhalten wunderbare Röstaromen. Für ein Ölfondue braucht man einen Topf aus gut leitendem Material wie feuerfestem Glas, Edelstahl oder Kupfer. Der Topf sollte sich oben leicht verjüngen, damit das Fett nicht herausspritzen kann. Geruchs- und geschmacksneutrale Pflanzenöle wie Sonnenblumen-, Erdnuss- oder Sojaöl, reines Kokosfett und Butterschmalz eignen sich besonders. Auf Butter, Margarine und kalt gepresste Öle sollten Sie verzichten, da diese Fette bei zu großer Hitze in Brand geraten können.

Entenbrustfondue mit Apfelkompott

Mit einer Barbarie-Ente entscheiden Sie sich für vorzüglichen Geschmack und besonders zartes Fleisch.

Zubereitung: 30 Minuten
Ergibt 6 Portionen

Zutaten

300 g Schalotten
4 Äpfel
2 EL Olivenöl
60 g Zucker + Zucker zum Abschmecken
125 ml Weißwein
1 EL Butter
Salz
frisch gemahlener schwarzer Pfeffer
700 g Entenbrust
2 l Öl

- Die Schalotten schälen und in feine Würfel schneiden. Die Äpfel waschen, trocken tupfen, mit einem Apfelausstecher das Kerngehäuse entfernen und Äpfel in kleine Würfel schneiden.

- Olivenöl in einem Topf erhitzen und die Schalotten darin anschwitzen. Nach 2 Minuten den Zucker darüberstreuen und die Schalotten karamellisieren.

- Mit dem Weißwein ablöschen und 5 Minuten kochen lassen, bis der Wein ganz eingekocht ist. Butter zufügen und schmelzen lassen. Apfelwürfel dazugeben und 5 Minuten braten. Dabei immer wieder mit einem Holzlöffel umrühren. Mit Salz, Pfeffer und Zucker abschmecken.

- Die Entenbrust unter kaltem Wasser abspülen und trocken tupfen. Mit einem scharfen Messer in dünne Scheiben schneiden.

- Das Öl in einem Topf auf 180 °C erhitzen, in einen Fonduetopf füllen und auf einem Rechaud heiß halten.

- 1–2 Scheiben Entenbrust auf eine Fonduegabel spießen und im heißen Öl ausbacken. Nach dem Backen mit Salz und Pfeffer würzen. Mit dem Apfelkompott genießen.

Ölfondues

Maishähnchenfondue Teriyaki mit Erdnussdip

Aromatisches Maishuhn in asiatischer Würze und mit nussigem Dip – ein Hochgenuss!

Zubereitung: 30 Minuten
+ 12 Stunden Marinierzeit
Ergibt 6 Portionen

Zutaten

700 g Maishähnchenbrust
2 l Öl

Für die Marinade
100 ml Sojasauce
50 g Honig
2 EL Erdnussöl
1 cm Ingwerwurzel
1 Knoblauchzehe

Für den Dip
100 g Erdnussbutter
100 g Frischkäse
2 EL Chilisauce
6 EL Kokosmilch
Saft von ½ Limette
Salz
Zucker

- Die Maishähnchenbrust unter kaltem Wasser abspülen und trocken tupfen. Mit einem scharfen Messer in 2 cm große Stücke schneiden.

- Für die Marinade Sojasauce und Honig in einer Schüssel vermengen. Erdnussöl zufügen. Den Ingwer schälen und fein reiben. Die Knoblauchzehe schälen und fein schneiden. Knoblauch und Ingwer in die Marinade rühren. Die Fleischstücke in die Marinade legen und 12 Stunden abgedeckt ziehen lassen.

- Für den Dip Erdnussbutter, Frischkäse, Chilisauce und Kokosmilch in einer Schüssel verrühren und mit etwas Limettensaft, Salz und Zucker würzen.

- Das Öl in einem Topf auf 180 °C erhitzen, in einen Fonduetopf füllen und auf einem Rechaud heiß halten.

- Das Fleisch aus der Marinade nehmen, trocken tupfen, auf Fonduegabeln spießen und in 2–3 Minuten ausbacken. Mit dem Erdnussdip genießen.

Tipp: Basmatireis oder Soba-Nudeln vervollkommnen den Geschmack dieses Fondues.

Smoked Beef mit Paprika-Mayonnaise

Das Paprikapulver, das hier zum Einsatz kommt, wird über Eichenholz geräuchert und erhält so sein unverwechselbares Aroma.

Zubereitung: 30 Minuten
Ergibt 6 Portionen

Zutaten

50 g Parmesan
80 g Mehl + Mehl zum Wenden
100 g Semmelbrösel
1 EL geräuchertes Paprikapulver
1 EL Knoblauchpulver
1 TL Zwiebelpulver
1 TL weißer Pfeffer
½ TL Salz
3 rote Paprikaschoten
1 EL Olivenöl
150 g Mayonnaise
2 l Öl
700 g Rindfleisch (aus der Hüfte) oder Rinderfilet
2 Eier

- Den Parmesan fein reiben und in einer Schüssel mit Mehl und Semmelbröseln mischen. Paprikapulver, Knoblauchpulver, Zwiebelpulver, Pfeffer und Salz zufügen und vermengen. Die Panade beiseitestellen.

- Die Paprikaschoten mit einem Sparschäler häuten und in Stücke schneiden. In Olivenöl anbraten und 10 Minuten bei mittlerer Temperatur anschwitzen. Dabei immer wieder mit einem Holzlöffel umrühren. Mit einem Stabmixer pürieren. Auskühlen lassen und mit der Mayonnaise verrühren.

- Das Öl in einem Topf auf 160 °C erhitzen, in einen Fonduetopf füllen und auf einem Rechaud heiß halten.

- Das Rindfleisch unter kaltem Wasser abspülen, trocken tupfen und in 2–3 cm große Stücke schneiden.

- Die Eier in einem tiefen Teller mit 2 EL Wasser verquirlen. Die Rindfleischstücke zuerst in Mehl, dann in Ei und abschließend in der Panade wenden.

- Die panierten Stücke auf Fonduegabeln spießen und in dem heißen Öl in 2–3 Minuten ausbacken. Mit der Paprika-Mayonnaise genießen.

Tipp: Sie können alternativ auch Hähnchen- oder Putenfleisch verwenden.

Asia-Chicken-Nuggets-Fondue mit Mango

Diese selbst gemachten Nuggets gehen blitzschnell und haben geschmacklich nichts mit dem üblichen Fast Food gemeinsam.

Zubereitung: 30 Minuten
Ergibt 6 Portionen

Zutaten

100 g salzige Cracker
100 g Mehl + Mehl zum Wenden
40 g Sesamsaat
½ TL Zwiebelpulver
frisch gemahlener schwarzer Pfeffer
2 reife Mangos
2 l Öl
4 Hähnchenbrüste
2 Eier

- Die Cracker in einer Küchenmaschine fein mixen. Mehl und Cracker-Brösel in einer Schüssel vermengen. Sesam, Zwiebelpulver und Pfeffer zufügen und vermengen. Die Panade beiseitestellen.

- Die Mangos schälen, das Fruchtfleisch seitlich vom Kern schneiden und in 3 cm dicke Spalten schneiden.

- Das Öl in einem Topf auf 160 °C erhitzen, in einen Fonduetopf füllen und auf einem Rechaud heiß halten.

- Die Hähnchenbrüste unter kaltem Wasser abspülen und trocken tupfen. Mit einem Messer in 2,5 cm große Stücke schneiden.

- Die Eier in einem tiefen Teller mit 2 EL Wasser verquirlen. Die Fleischstücke zuerst in Mehl, dann in Ei und abschließend in der Panade wenden.

- Ein Nugget mit jeweils einer Mangospalte auf eine Fonduegabel spießen und in dem heißen Öl in 3 Minuten knusprig ausbacken.

Tipp: Stellen Sie zum Dippen ein Schälchen mit Sojasauce bereit.

Ölfondues

Kalbsröllchen mit Spargel, Salbei und Speck

Ein Saltimbocca der besonderen Art. Saltimbocca bedeutet übrigens so viel wie „Spring in den Mund!". Das dürfte bei diesem Rezept besonders leichtfallen.

Zubereitung: 30 Minuten
Ergibt 6 Portionen

Zutaten

500 g Kalbsfilet
500 g grüner Spargel
Salz
1 Bund Salbei, Blätter abgezupft
10 Scheiben Speck
frisch gemahlener schwarzer Pfeffer
2 l Öl

- Das Kalbsfilet waschen, trocken tupfen und mit einem dünnen Messer von allen Sehnen befreien. Dann in 5 mm dicke Scheiben schneiden. Jede Scheibe einzeln zwischen zwei Stücke Frischhaltefolie legen und mit einem Fleischklopfer leicht flach klopfen. Bis zur Verwendung kalt stellen.

- Den Spargel im unteren Drittel schälen und in kochendem Salzwasser bissfest blanchieren. Kalt abschrecken und halbieren.

- Auf jede Fleischscheibe 1–2 Spargelstücke, 1 Salbeiblatt und ½ Scheibe Speck legen. Mit Pfeffer würzen. Die Fleischscheiben einrollen und mit einem Zahnstocher fixieren.

- Das Öl in einem Topf auf 175 °C erhitzen, in einen Fonduetopf füllen und auf einem Rechaud heiß halten.

- Jeweils ein Kalbsröllchen auf eine Fonduegabel spießen und in dem heißen Öl 3 Minuten garen.

Tipp: Durch den würzigen Speck im Inneren der Röllchen ist das zusätzliche Würzen mit Salz in der Regel nicht notwendig.

Ölfondues

Fondue mit italienischen Fleischbällchen

Außen knusprig, innen mit der Würze von Parmesan, Thymian und Senf – eine köstliche Kombination!

Zubereitung: 30 Minuten
Ergibt 6 Portionen

Zutaten

300 g gemischtes Hackfleisch
1 Knoblauchzehe
2 EL Olivenöl
150 g Karotten
40 g Zwiebeln
½ Bund Thymian
30 g Parmesan
2 EL Senf
½ TL Paprikapulver
2 Eier
120 g Semmelbrösel
50 g Ricotta
Salz
frisch gemahlener schwarzer Pfeffer
2 l Öl

- Das Hackfleisch in eine Schüssel geben. Die Knoblauchzehe schälen, fein schneiden und mit dem Hackfleisch vermengen.

- Olivenöl in einer Pfanne erhitzen, das Hackfleisch darin scharf anbraten. 3 Minuten unter Rühren braten, das überschüssige Fett abgießen und wieder in die Schüssel füllen.

- Die Karotten schälen und grob reiben. Die Zwiebeln schälen und in feine Würfel schneiden. Thymian waschen, trocken tupfen und die Blätter von den Stielen zupfen.

- Karotten, Zwiebelwürfel und Thymianblätter unter die Hackmasse mischen.

- Den Parmesan reiben und zusammen mit Senf, Paprikapulver und Eiern ebenfalls mit der Hackmasse vermischen.

- Die Semmelbrösel in die Hackmasse einarbeiten, bis eine feste Konsistenz entsteht.

- Ricotta einarbeiten und mit Salz und Pfeffer würzen.

- Das Öl in einem Topf auf 165 °C erhitzen, in einen Fonduetopf füllen und auf einem Rechaud heiß halten.

- Aus der Hackmasse Fleischbällchen formen, diese auf Fonduegabeln spießen und 3–4 Minuten in dem heißen Öl frittieren.

Tipp: Zu diesen würzigen Bällchen passt herzhafter Senf, Aioli oder Käsecreme.

Ölfondues

Fondue mit Honig-Ingwer-Lachs

Süßer Honig und würziger Ingwer bilden ein Duett der Extraklasse.

Zubereitung: 30 Minuten
+ 12 Stunden Marinierzeit
Ergibt 6 Portionen

Zutaten

500 g Lachsfilet (ohne Haut)
2 cm Ingwerwurzel
50 g Honig
1 EL Rapsöl
Saft von 1 Zitrone
2 l Öl
½ Bund Dill

- Das Lachsfilet waschen, trocken tupfen und in 2 x 2 cm große Würfel schneiden.

- Den Ingwer schälen und fein reiben. Ingwer und Honig in einem Topf langsam erhitzen, bis der Honig flüssig ist. Den Topf vom Herd nehmen, Rapsöl und Zitronensaft unterrühren. Die Marinade in eine Schüssel füllen und 5 Minuten abkühlen lassen.

- Die Lachswürfel in die Marinade legen und 12 Stunden abgedeckt ziehen lassen.

- Das Öl in einem Topf auf 170 °C erhitzen, in einen Fonduetopf füllen und auf einem Rechaud heiß halten.

- Den Dill waschen, trocken tupfen, die Fähnchen abzupfen und fein schneiden.

- Die Lachswürfel aus der Marinade nehmen, etwas trocken tupfen und in einem Fonduekörbchen 3–4 Minuten in dem heißen Öl garen. Mit Dill bestreut genießen.

Tipp: Ein Avocadodip ist die passende Ergänzung zu diesem Fondue. Einfach eine Avocado schälen, das Fruchtfleisch vom Stein lösen, mit einer Gabel zerdrücken und mit Zitronensaft, Salz und Rosa Pfeffer würzen.

Fondue mit Tempura-Gemüse und Apfel-Curry-Dip

Knackfrisches Gemüse in einer zarten Teighülle weckt die Knusperlust.

Zubereitung: 30 Minuten
Ergibt 6 Portionen

Zutaten

700 g Gemüse (Spargel, Bohnen, Zuckerschoten, Brokkoli, Zucchini) und Pilze
Salz
150 g Mehl + Mehl zum Wenden
1 EL Currypulver
2 Eier
100 ml Mineralwasser (mit Kohlensäure)
2 l Öl
1 Schale Shiso-Kresse
Apfel-Curry-Dip (siehe Seite 152)

- Das Gemüse putzen und gegebenenfalls schälen. Spargel, Bohnen, Zuckerschoten und Brokkoli klein schneiden, in kochendem Salzwasser bissfest blanchieren, in Eiswasser abschrecken und trocken tupfen. Zucchini in Scheiben schneiden, Pilze halbieren.

- Das Mehl mit Currypulver und ½ TL Salz mischen. Die Eier verquirlen und in das Mehl rühren. Das Mineralwasser behutsam unter den Teig rühren.

- Das Öl in einem Topf auf 165 °C erhitzen, in einen Fonduetopf füllen und auf einem Rechaud heiß halten.

- Einige Gemüsestücke auf Fonduegabeln spießen und durch den Tempura-Teig ziehen. Sofort in das heiße Fett tauchen und 2 Minuten garen.

- Das Tempura-Gemüse mit Shiso-Kresse und Apfel-Curry-Dip servieren.

Ölfondues

Fondue mit Mozzarella in Pestokruste

Mozzarella und Pesto bringen den Geschmack Italiens in den Fonduetopf.

Zubereitung: 30 Minuten
Ergibt 6 Portionen

Zutaten

500 g Mini-Mozzarella
1 Bund Basilikum
1 Knoblauchzehe
30 g Pinienkerne
30 g Parmesan
100 g Semmelbrösel
1 Ei
Mehl zum Wenden
2 l Öl

▎ Die Mozzarella-Kugeln in einem Sieb abtropfen lassen.

▎ Basilikum waschen, trocken tupfen, die Blätter abzupfen und fein schneiden. Die Knoblauchzehe schälen und klein schneiden. Die Pinienkerne in einer beschichteten Pfanne ohne Fett goldbraun rösten und fein hacken. Den Parmesan fein reiben. Alles mit den Semmelbröseln gut vermengen.

▎ Das Ei in einem tiefen Teller mit ein paar Tropfen Wasser verquirlen.

▎ Die Mozzarella-Kugeln in Mehl wenden, durch das Ei ziehen und in der Pesto-Panade wälzen.

▎ Das Öl in einem Topf auf 165 °C erhitzen, in einen Fonduetopf füllen und auf einem Rechaud heiß halten.

▎ Die Mozzarella-Kugeln auf Fonduegabeln spießen und in dem heißen Öl in 2 Minuten ausbacken.

Tipp: Servieren Sie dazu einen frischen Tomatensalat mit Olivenöl und Meersalz.

Ölfondues

Fondue mit Sashimi vom Thunfisch

Roter Thunfisch – traditionell zubereitet – ist ein leichtes kulinarisches Vergnügen.

Zubereitung: 30 Minuten
Ergibt 6 Portionen

Zutaten

700 g Thunfisch (in Sushi-Qualität)
6 Blatt Nori-Algen
100 g Mehl
20 g Speisestärke
15 g Sesamsaat
2 TL rotes Currypulver
1 Handvoll Eiswürfel
2 l Öl
Salz
1 TL Chiliflocken

- Den Thunfisch in Streifen von etwa 7 x 2 cm Größe schneiden. Die Nori-Algen auf der Arbeitsfläche auslegen und jeweils ein Stück Thunfisch darin einrollen. Bis zur Verwendung in den Kühlschrank stellen.

- Mehl und Speisestärke in einer Schüssel mischen. Sesam, Currypulver, 150 ml Wasser und Eiswürfel hinzufügen und alles zu einer homogenen Masse verrühren.

- Das Öl in einem Topf auf 180 °C erhitzen, in einen Fonduetopf füllen und auf einem Rechaud heiß halten.

- Die Thunfischröllchen aus dem Kühlschrank nehmen und in 4 cm lange Stücke schneiden. Jedes Stück durch den Teig ziehen und in einem Fonduekörbchen in etwa 30 Sekunden ausbacken.

- Zum Servieren die Röllchen aufschneiden – im Kern sollte der Fisch noch roh sein. Mit Salz und Chiliflocken würzen und genießen.

Tipp: Zum Dippen eignen sich Sojasauce und Wasabi besonders gut.

Ölfondues

Fondue mit Scampis und Zuckererbsen-Dip

Herrlich exotisch kommt diese Variante des Fondues daher. Nachmachen empfohlen!

Zubereitung: 30 Minuten
Ergibt 6 Portionen

Zutaten

600 g große Scampi
Saft von 1 Zitrone
2 l Öl
1 TL Chiliflocken
1 TL Knoblauchpulver
1 TL gemahlener Koriander
½ TL Salz
Zuckererbsen-Dip (siehe Seite 150)

- Die Scampi vom Kopf befreien und die Schale mit den Fingern abpulen. Mit einem Messer den Rücken leicht aufschneiden und den Darm entfernen. Die Scampi unter kaltem Wasser abspülen, trocken tupfen und auf einer Platte mit dem Zitronensaft marinieren.

- Das Öl in einem Topf auf 180 °C erhitzen, in einen Fonduetopf füllen und auf einem Rechaud heiß halten.

- Chiliflocken, Knoblauchpulver, Koriander und Salz mischen. Die Scampi mit der Gewürzmischung einreiben, auf Fonduegabeln spießen und in dem heißen Öl in 3–4 Minuten ausbacken.

- Mit dem Zuckererbsen-Dip servieren.

Ölfondues

Fondue mit Süßkartoffeln, gesalzener Butter und Maisplätzchen

Die süßen Erdäpfel mit salziger Butter sind zu jeder Jahreszeit ein Highlight.

Zubereitung: 30 Minuten
Ergibt 6 Portionen

Zutaten

600 g Süßkartoffeln
Salz
200 g Mais (aus der Dose)
½ Stange Lauch
40 g Provolone
2 Eier
frisch gemahlener schwarzer Pfeffer
2 EL Mehl
100 g gesalzene Butter
4 EL Rapsöl
2 l Öl

- Die Süßkartoffeln schälen und in 3 cm große Stücke schneiden. In Salzwasser bissfest kochen.

- Den Mais auf einem Sieb gut abtropfen lassen. Den Lauch in Ringe schneiden, waschen und trocken tupfen. Mais und Lauchringe in einer Schüssel mischen.

- Den Provolone reiben. Die Eier verquirlen und mit dem geriebenen Käse zur Mais-Lauch-Mischung geben. Die Masse mit Salz und Pfeffer würzen und gut mit dem Mehl vermengen. Dann abgedeckt 30 Minuten ruhen lassen.

- Die Butter Zimmertemperatur annehmen lassen.

- Das Rapsöl in einer Pfanne erhitzen. Aus der Maismasse kleine Häufchen formen, in das heiße Öl geben und von jeder Seite 3 Minuten braten.

- Das Öl in einem Topf auf 180 °C erhitzen, in einen Fonduetopf füllen und auf einem Rechaud heiß halten.

- Die Süßkartoffeln auf Fonduegabeln spießen und in 3 Minuten in dem heißen Öl ausbacken. Mit der gesalzenen Butter und den Maisplätzchen servieren.

Wurstfondue mit Orangen-Meerrettich-Dip

Würzige Bratwurst mit fruchtig-frischem Meerrettich – so gut hat der rustikale Klassiker selten geschmeckt.

Zubereitung: 30 Minuten
Ergibt 6 Portionen

Zutaten

400 g dünne Bratwurst
2 l Öl
Orangen-Meerrettich-Dip (siehe Seite 154)

- Die Bratwurst in 3 cm lange Stücke schneiden.

- Das Öl in einem Topf auf 180 °C erhitzen, in einen Fonduetopf füllen und auf einem Rechaud heiß halten.

- Die Bratwurst auf Fonduegabeln spießen und in 2 Minuten in dem heißen Öl garen. Mit dem Orangen-Meerrettich-Dip servieren.

Brühefondues

Würzig, gesund und lecker

Brühefondues sind eine relativ fettarme Art, Fleisch, Fisch oder Gemüse zuzubereiten. Ob Sie dafür eine Fertigbrühe aus dem Supermarkt oder selbst gemachte Brühen verwenden, ist ganz Ihnen überlassen. Nachdem alle Zutaten in der Brühe gegart wurden, hat sich diese in eine sehr gehaltvolle und aromatische Suppe verwandelt, in der sich alle Aromen der in ihr gegarten Lebensmittel konzentriert haben. Üblicherweise wird diese Suppe als Abschluss des gemeinsamen Abends unter den Gästen aufgeteilt und zusammen gegessen.

Brühefondues

Cocktailwürstchen in Weingelee

Nur wenige Zutaten bilden hier ein herzhaft-süßes Fonduevergnügen.

Zubereitung: 20 Minuten
Ergibt 6 Portionen

Zutaten

400 g Weingelee
100 g Senf
600–800 g Cocktailwürstchen

- Weingelee und Senf in einem Topf zum Kochen bringen und 2 Minuten reduzieren. Dabei immer wieder mit einem Holzlöffel umrühren.

- Die Sauce in einen Fonduetopf füllen und auf einem Rechaud warm halten.

- Jeweils 2–3 Cocktailwürstchen auf Fonduegabeln spießen und in der Sauce 2–3 Minuten ziehen lassen.

Tipp: Reichen Sie frisches Weißbrot oder Milchbrötchen (siehe Seite 144) als Beilage zum Dippen – einfach köstlich!

Brühefondues

Garnelen in Fischbrühe

Verwenden Sie kleine Garnelen für dieses köstliche Rezept.

Zubereitung: 45 Minuten
Ergibt 6 Portionen

Zutaten

1 kg Fischkarkassen
1 Zwiebel
2 Knoblauchzehen
½ Stange Lauch
100 g Karotten
1 Bund Dill
Salz
¼ TL Zucker
Gewürzsäckchen mit 8 Pfefferkörnern, 4 Pimentkörnern und ½ Lorbeerblatt
1 kg Eiswürfel
frisch gemahlener schwarzer Pfeffer
600 g Garnelen (ohne Kopf)

- Für die Fischbrühe die Karkassen unter kaltem Wasser abspülen. Die Zwiebel schälen und vierteln. Die Knoblauchzehen schälen und fein schneiden. Lauch in Ringe schneiden, waschen und abtropfen lassen. Karotten schälen und in Scheiben schneiden. Den Dill waschen, trocken tupfen, die Fähnchen abzupfen und fein schneiden.

- Fischkarkassen, Zwiebeln, Knoblauch, Lauch, Karotten, Dill, 2 TL Salz, Zucker, das Gewürzsäckchen und die Eiswürfel in einen Topf geben. Mit kaltem Wasser auffüllen, bis die Karkassen bedeckt sind. Auf dem Herd langsam erhitzen. Sobald die Brühe kocht, vom Herd nehmen und 30 Minuten ziehen lassen.

- Anschließend durch ein mit einem Passiertuch ausgelegtes feines Sieb seihen und mit Salz und Pfeffer würzen.

- Die Fischbrühe in einen Fonduetopf füllen und auf einem Rechaud warm halten.

- Die Garnelen waschen, den Rücken mit einem Messer aufschneiden und den Darm entfernen. Dann in einem Fonduekörbchen in der heißen Brühe etwa 4–6 Minuten garen.

Tipp: Servieren Sie dazu ein paar Cracker (siehe Seite 142) oder einen Gurkensalat.

Brühefondues

Asiatische Brühe mit Rinderfiletstreifen

Ein Potpourri feiner Aromen sammelt sich in dieser asiatischen Brühe.

Zubereitung: 30 Minuten
Ergibt 6 Portionen

Zutaten

2 Knoblauchzehen
½ rote Paprikaschote
½ grüne Paprikaschote
2 Karotten
1,2 l Rinderbrühe
4 EL Sojasauce
3 EL Sojasprossen
500 g grüner Spargel
Salz
600 g Rinderfilet

- Die Knoblauchzehen schälen und fein hacken. Die Paprikaschoten halbieren, entkernen, waschen und in Streifen schneiden. Die Karotten schälen und in Streifen schneiden.

- In einem großen Topf die Rinderbrühe aufkochen. Knoblauch, Paprika, Karotten, Sojasauce und Sojasprossen dazugeben und 5 Minuten leise kochen. Dabei immer wieder mit einem Holzlöffel umrühren.

- Die Brühe in einen Fonduetopf füllen und auf einem Rechaud warm halten.

- Spargel im unteren Drittel schälen, in 2 cm große Stücke schneiden und in kochendem Salzwasser bissfest blanchieren.

- Das Rinderfilet unter kaltem Wasser waschen, trocken tupfen, mit einem Messer von den Sehnen befreien und in 2–3 cm große Streifen schneiden.

- Ein paar Filetstreifen und Spargelstücke auf Fonduegabeln spießen oder in Körbchen geben und etwa 3 Minuten in der Brühe garen.

Tipp: Dazu Cracker (siehe Seite 142) servieren.
Übrigens: Das Brühegemüse ist ebenfalls eine hervorragende Beilage.

Kokos-Curry-Fondue mit Tofu

Exotischer Duft erfüllt den Raum – exotischer Geschmack kitzelt den Gaumen.

Zubereitung: 30 Minuten
Ergibt 6 Portionen

Zutaten

2 Knoblauchzehen
2 Stangen Zitronengras
2 EL Erdnussöl
4 EL Currypulver
1 l Geflügel- oder Gemüsebrühe
250 ml Kokosmilch
3 EL Fischsauce
Saft und Abrieb von 1 unbehandelten Limette
Salz
Zucker
Chiliflocken
2 EL Speisestärke
200 g Tofu

- Die Knoblauchzehen schälen und fein hacken.

- Das Zitronengras in 3 cm große Stücke schneiden und in einem großen Topf in Erdnussöl 3 Minuten anschwitzen. Mit Currypulver bestauben. Brühe, Kokosmilch, Fischsauce, Knoblauch, Limettensaft und -abrieb dazugeben und alles aufkochen.
10 Minuten kochen lassen und mit Salz, Zucker und Chiliflocken abschmecken. Dabei immer wieder mit einem Holzlöffel umrühren.

- In einer kleinen Schüssel die Speisestärke in 3 EL Wasser auflösen und die Brühe damit binden.

- Kokos-Curry-Brühe in einen Fonduetopf füllen und auf einem Rechaud warm halten.

- Tofu in mundgerechte Würfel schneiden, auf Fonduegabeln spießen und in der Brühe etwa 2 Minuten garen.

Tipp: Verfeinern Sie die Brühe nach Belieben mit frischen Kräutern oder etwas Ingwer und Honig.

Brühefondues

Italienisches Kräuterfondue

Dolce Vita auf dem Teller ist mit diesem Fondue garantiert.

Zubereitung: 30 Minuten
Ergibt 6 Portionen

Zutaten

1,2 l Gemüsebrühe
3 Knoblauchzehen
Salz
frisch gemahlener schwarzer Pfeffer
1 Bund Petersilie
1 Bund Oregano
1 Bund Dill
1 Bund Basilikum
einige Zweige Karottengrün
500 g Hähnchenbrust

- Die Gemüsebrühe in einem großen Topf aufkochen.

- Die Knoblauchzehen schälen, mit dem Messerrücken andrücken und zur Brühe geben. Kräftig mit Salz und Pfeffer würzen.

- Die Brühe in einen Fonduetopf füllen und auf einem Rechaud warm halten.

- Die Kräuter waschen, trocken schütteln und mit Küchengarn zu Kräutersträußchen binden. Die Kräutersträuße in die Brühe hängen und ziehen lassen.

- Hähnchenbrust unter kaltem Wasser waschen und trocken tupfen. Dann in 2 cm große Stücke schneiden, mit Salz und Pfeffer würzen, auf Fonduegabeln spießen und in der Kräuterbrühe 2–3 Minuten garen.

Tipp: In dieser aromatischen Kräuterbrühe können Sie übrigens auch Gemüse oder Fisch garen. Oder Sie passieren die Brühe nach dem Fondue durch ein feines Sieb und servieren sie am nächsten Tag mit Suppennudeln und Gemüseeinlage.

Brühefondues

Feuriger Gemüsetopf

Ein heißes Schmankerl für Gemüseliebhaber.

Zubereitung: 40 Minuten
Ergibt 6 Portionen

Zutaten

250 g Tomaten (aus der Dose)
1 Zwiebel
2 Knoblauchzehen
2 cm Ingwerwurzel
2 kleine Chilischoten
3 EL Rapsöl
4 Zweige Rosmarin
1 l Rinderbrühe
200 g braune Champignons
200 g Zucchini

▍In einem Sieb die Tomaten gut abtropfen lassen, dann klein schneiden. Die Zwiebel schälen und in feine Würfel schneiden. Die Knoblauchzehen schälen und fein schneiden. Ingwer schälen und reiben. Chilischoten halbieren, entkernen, waschen, trocken tupfen und in Streifen schneiden.

▍Das Rapsöl in einem großen Topf erhitzen. Zwiebelwürfel, Knoblauch, Chilistreifen und Rosmarin 3 Minuten unter Rühren darin anschwitzen. Tomaten und Ingwer dazugeben und mit der Rinderbrühe auffüllen. Die Brühe aufkochen und 10 Minuten leise kochen lassen. Dabei immer wieder mit einem Holzlöffel umrühren.

Brühefondues

▌ Die Brühe in einen Fonduetopf füllen und auf einem Rechaud warm halten.

▌ Champignons putzen, je nach Größe gegebenenfalls halbieren. Zucchini waschen und in mundgerechte Stücke schneiden. Ein paar Gemüsestücke und Pilze auf Fonduegabeln spießen und 2–3 Minuten in der Brühe garen.

Brühefondues

Kalbsfondue in Honigsoja mit Sesam

Feine Aromen von Honig, Sesam und Soja bilden eine harmonische Liaison.

Zubereitung: 30 Minuten
Ergibt 6 Portionen

Zutaten

2 Schalotten
1 Knoblauchzehe
2 EL Butter
100 ml Sojasauce
40 g Honig
1 l Kalbsbrühe
Salz
frisch gemahlener schwarzer Pfeffer
3 EL Sesamsaat
600 Kalbsfilet oder Kalbshüfte

- Die Schalotten und die Knoblauchzehe schälen und in feine Würfel schneiden.

- Butter in einem großen Topf schmelzen. Schalotten- und Knoblauchwürfel darin 3 Minuten anschwitzen. Mit Sojasauce und Honig auffüllen und 1 Minute kochen lassen.

- Die Kalbsbrühe zufügen und aufkochen. 10 Minuten leise kochen lassen, dabei immer wieder mit einem Holzlöffel umrühren. Anschließend mit Salz und Pfeffer würzen.

- Die Brühe in einen Fonduetopf füllen und auf einem Rechaud warm halten.

- Sesam in einer Pfanne ohne Fett goldbraun rösten. Die Brühe mit dem Sesam bestreuen.

- Das Kalbsfilet unter kaltem Wasser waschen und trocken tupfen. Dann in 2 cm große Würfel schneiden, auf Fonduegabeln spießen und in der Brühe etwa 3 Minuten garen.

Fondue mit Kokosmilch und Kabeljau

Zarte Fische wie Kabeljau fühlen sich besonders wohl im warmen Kokosbad.

Zubereitung: 30 Minuten
Ergibt 6 Portionen

Zutaten

1 Zwiebel
½ Stange Sellerie
¼ Stange Lauch
2 EL Olivenöl
60 ml Weißwein
800 ml Fischbrühe
200 ml Kokosmilch
Salz
frisch gemahlener weißer Pfeffer
600 g Kabeljaufilet

- Die Zwiebel schälen und in Würfel schneiden. Sellerie putzen und in dünne Scheiben schneiden. Lauch halbieren, in Streifen schneiden, waschen und trocken tupfen.

- Olivenöl in einem großen Topf erhitzen. Zwiebel und Gemüse darin 3 Minuten anschwitzen. Mit Weißwein ablöschen und mit Fischbrühe und Kokosmilch auffüllen. 10 Minuten leise kochen lassen, dabei immer wieder mit einem Holzlöffel umrühren. Abschließend mit Salz und Pfeffer abschmecken.

- Die Brühe in einen Fonduetopf füllen und auf einem Rechaud warm halten.

- Das Kabeljaufilet unter kaltem Wasser waschen, trocken tupfen, in 2 cm große Stücke schneiden und in einem Fonduekörbchen in der Brühe etwa 3–4 Minuten garen.

Tipp: Servieren Sie die Brühe in tiefen Schälchen. Einfach ein Stück Brot hineintunken – ein Hochgenuss!

Brühefondues

Hähnchen im Reispapier auf Gurken-Melonen-Salat

Zartes Geflügelfleisch gibt den Biss und saftige Melonen sorgen für frischen Geschmack.

Zubereitung: 40 Minuten
Ergibt 6 Portionen

Zutaten

1,2 l Geflügelbrühe
Salz
frisch gemahlener schwarzer Pfeffer
500 g Hähnchenbrust
6 EL Olivenöl
5 Zweige Thymian
16 Blatt Reispapier
300 g Gurke
¼ Cantaloupe-Melone

- Die Geflügelbrühe aufkochen und kräftig mit Salz und Pfeffer würzen. In einen Fonduetopf füllen und auf einem Rechaud warm halten.

- Hähnchenbrust unter kaltem Wasser waschen, trocken tupfen, in 2 cm große Stücke schneiden und in 4 EL Olivenöl marinieren.

- Thymianzweige waschen, trocken tupfen, die Blätter abzupfen und zu den Hähnchenstücken geben. Mit Salz und Pfeffer würzen.

- Das Reispapier auf die Arbeitsfläche legen und leicht mit Wasser einpinseln. Jeweils ein Fleischstück auf ein Reispapierblatt legen. Die Seiten einschlagen und zu einem kleinen Päckchen formen.

- Die Gurke waschen, halbieren und vierteln. In Längsrichtung das Kerngehäuse entfernen. Die Gurke in Rauten schneiden. Die Melone entkernen, das Fruchtfleisch aus der Schale lösen und in kleine Würfel schneiden. Gurkenrauten und Melonenwürfel in einer Schüssel mischen und mit dem restlichen Olivenöl, Salz und Pfeffer würzen.

- Die Reispapierpäckchen in einem Fonduekörbchen in der heißen Brühe etwa 3–4 Minuten garen und auf dem Gurken-Melonen-Salat servieren.

Zitronenlamm mit Frühlingszwiebeln

Natürliches Zitronenaroma und frischer Knoblauch verführen das zarte Lamm.

Zubereitung: 30 Minuten
Ergibt 6 Portionen

Zutaten

600 g Lammfilet oder Lammrücken
2 unbehandelte Zitronen
2 Knoblauchzehen
2 Frühlingszwiebeln
4 EL Olivenöl
1,2 l Lammbrühe
Salz
frisch gemahlener schwarzer Pfeffer

- Das Lammfilet unter kaltem Wasser waschen, trocken tupfen, mit einem Messer von den Sehnen befreien und in 2 cm große Stücke schneiden.

- Die Zitronen heiß abwaschen und in Scheiben schneiden. Die Knoblauchzehen schälen und mit einem Messerrücken andrücken. Die Frühlingszwiebeln putzen, waschen, trocken tupfen und in Ringe schneiden.

- In einer Schüssel Lammstücke, Zitronenscheiben, Knoblauchzehen und Frühlingszwiebeln mischen und mit dem Olivenöl marinieren.

- Die Lammbrühe in einem Topf aufkochen, kräftig mit Salz und Pfeffer würzen, dann in einen Fonduetopf füllen und auf einem Rechaud warm halten.

- Das Zitronenlamm mit den Frühlingszwiebeln in einem Fonduekörbchen in der heißen Brühe etwa 4–5 Minuten garen und heiß servieren.

Tipp: Das Lammfilet am besten am vorherigen Tag marinieren und über Nacht im Kühlschrank aufbewahren.

Brühefondues

Zwiebelfondue mit Rindfleisch

Ein kräftiger französischer Klassiker in Fondueform.

Zubereitung: 30 Minuten
Ergibt 6 Portionen

Zutaten

300 g Zwiebeln
3 EL Rapsöl
Salz
Zucker
1 EL Tomatenmark
2 EL Sojasauce
1 l Rinderbrühe
frisch gemahlener schwarzer Pfeffer
600 g Rinderhüfte

- Die Zwiebeln schälen und in Streifen schneiden.

- Rapsöl in einem großen Topf erhitzen und die Zwiebeln darin scharf anbraten. Mit Salz und Zucker würzen. 10 Minuten unter ständigem Rühren braten, dann Tomatenmark und Sojasauce zufügen und weitere 5 Minuten braten.

- Mit der Rinderbrühe auffüllen und aufkochen, mit Pfeffer würzen.

- Die Brühe in einen Fonduetopf füllen und auf einem Rechaud warm halten.

- Die Rinderhüfte unter kaltem Wasser waschen, trocken tupfen, in 2 cm große Würfel schneiden, auf Fonduegabeln spießen und etwa 3 Minuten in der Zwiebelbrühe garen.

Brühefondues

Ungarisches Paprikafondue mit Entenbratwürstchen

Die fruchtige Paprika schmeckt nach jedem Aufwärmen besser.

Zubereitung: 40 Minuten
Ergibt 6 Portionen

Zutaten

1 Zwiebel
1 rote Paprikaschote
1 gelbe Paprikaschote
1 grüne Paprikaschote
2 Knoblauchzehen
3 EL Rapsöl
3 Zweige Rosmarin
50 g Speckwürfel
2 EL Tomatenmark
1 EL edelsüßes Paprikapulver
2 EL Mehl
50 ml kräftiger Rotwein
1 l Geflügelbrühe
600 g Entenbratwürstchen

- Die Zwiebel schälen und in grobe Stücke schneiden. Die Paprikaschoten halbieren, vierteln, entkernen, waschen, trocken tupfen und in 3 cm große Stücke schneiden. Die Knoblauchzehen schälen und fein schneiden.

- Das Rapsöl in einem großen Topf erhitzen. Zwiebeln, Paprika, Knoblauch, Rosmarin und Speckwürfel darin scharf anbraten und 7 Minuten unter ständigem Rühren braten.

- Tomatenmark, Paprikapulver und Mehl dazugeben und 2 Minuten mitdünsten. Mit dem Rotwein ablöschen. Die Brühe dazugeben und alles 10 Minuten leise kochen lassen. Dabei immer wieder mit einem Holzlöffel umrühren.

- Die Brühe in einen Fonduetopf füllen und auf einem Rechaud warm halten.

- Die Bratwürstchen in 3–4 cm große Stücke schneiden, auf Fonduegabeln spießen und in der Brühe etwa 4 Minuten garen.

Tipp: Reichen Sie herzhaftes Nussbrot (siehe Seite 140) und ein Töpfchen Senf zum Dippen dazu.

Brühefondues

Mariniertes Schweinefilet mit Gemüsebrühe

Sonnengereifte Orangen und frischer Ingwer aromatisieren das Schweinefilet ganz dezent.

Zubereitung: 40 Minuten
Ergibt 6 Portionen

Zutaten

600 g Schweinefilet
Saft und Abrieb von 2 unbehandelten Orangen
3 EL Olivenöl
2 cm Ingwerwurzel
200 g Karotten
200 g Sellerie
100 g Zwiebeln
100 g Lauch
1 l Rinderbrühe

- Das Schweinefilet unter kaltem Wasser waschen, trocken tupfen, in 1,5 cm dicke Scheiben schneiden und in einer Schüssel verteilen. Orangensaft und -abrieb sowie Olivenöl dazugeben und alles verrühren. Den Ingwer schälen, fein reiben und ebenfalls untermengen.

- Karotten, Sellerie und Zwiebeln schälen und in ganz feine Würfel schneiden. Den Lauch halbieren, unter kaltem Wasser abspülen, trocken tupfen und ebenfalls in Würfel schneiden.

- Die Rinderbrühe mit den Gemüsewürfeln aufkochen, in einen Fonduetopf füllen und auf einem Rechaud warm halten.

- Das Fleisch aus der Marinade nehmen, auf Fonduegabeln spießen und in der Brühe etwa 3 Minuten garen.

Tipp: Servieren Sie dazu Orangen-Meerrettich-Dip (siehe Seite 154) und frische Rohkost.

Salbei-Zitronenhuhn-Fondue

Frischer Salbei weckt sofort Urlaubsgefühle.

Zubereitung: 30 Minuten
Ergibt 6 Portionen

Zutaten

600 g Hähnchenbrust
6 Zweige Salbei
2 unbehandelte Zitronen
3 Knoblauchzehen
Salz
frisch gemahlener schwarzer Pfeffer
100 ml Olivenöl
1,2 l Geflügelbrühe

▌ Die Hähnchenbrust unter kaltem Wasser waschen, trocken tupfen und in 2 cm große Stücke schneiden. Den Salbei waschen, trocken tupfen und die Blätter abzupfen. Die Zitronen heiß abwaschen, trocken tupfen und in Scheiben schneiden. Die Knoblauchzehen schälen und mit einem Messerrücken andrücken.

▌ Alle Zutaten in einer Schüssel vermengen, mit Salz und Pfeffer würzen und mit Olivenöl marinieren.

▌ Die Geflügelbrühe in einem großen Topf aufkochen, in einen Fonduetopf füllen und auf einem Rechaud warm halten.

▌ Jeweils ein Fleischstück, eine Zitronenscheibe und ein Salbeiblatt auf Fonduegabeln spießen und in der Brühe 3 Minuten garen.

Schweinefilet-Aprikosen-Fondue

Diese reichhaltige Brühe ist nur zum Tunken viel zu schade. Servieren Sie sie nach dem Fondue einfach als Suppe.

Zubereitung: 40 Minuten
Ergibt 6 Portionen

Zutaten

700 g Schweinefilet
120 g getrocknete Aprikosen
2 EL brauner Zucker
Saft von 1 Zitrone
1 EL Senf
100 g braune Champignons
120 g Zucchini
100 g Lauch
1,2 l Geflügel- oder Kalbsbrühe
Salz
frisch gemahlener schwarzer Pfeffer

- Das Schweinefilet unter kaltem Wasser waschen, trocken tupfen, mit einem Messer von den Sehnen befreien und in 1 cm dicke Scheiben schneiden.

- In einer kleinen Schüssel Aprikosen, Zucker, Zitronensaft und Senf mischen und zum Schweinefilet geben. Alles gut vermengen und marinieren.

- Champignons putzen und halbieren. Zucchini waschen, trocken tupfen und in dünne Scheiben schneiden. Den Lauch putzen und in dünne Scheiben schneiden.

- Die Brühe in einem großen Topf aufkochen, das Gemüse dazugeben und 10 Minuten leise kochen lassen. Dabei immer wieder mit einem Holzlöffel umrühren. Abschließend mit Salz und Pfeffer würzen.

- Die Brühe in einen Fonduetopf füllen und auf einem Rechaud warm halten.

- Jeweils ein Fleisch- und ein Aprikosenstück auf Fonduegabeln spießen, mit Salz und Pfeffer würzen und etwa 4–6 Minuten in der Brühe garen.

Tipp: Das Brühegemüse schmeckt auch hervorragend als Beilage.

Süße Fondues

Immer eine Sünde wert

Süße Fondues haben eigentlich immer Saison: Sie krönen ein Festtagsmenü, begeistern kleine Naschkatzen bei Kindergeburtstagen, sind Highlight eines Sonntagsfrühstücks oder eine köstliche Alternative zu Kuchen und Torten beim Nachmittagskaffee. Traditionell ist es cremige Schokolade, in die klein geschnittenes Obst getaucht wird. Nüsse, Honig, Ahornsirup, Sahne oder Crème fraîche, Toffees und exotische Zutaten wie Kokosraspel und Tia-Maria-Likör geben dem Fondue immer wieder einen anderen Geschmack. Zum Dippen eignen sich Butterkekse und frisch gebackene Waffeln, in Würfel geschnittenes Honig- oder Milchbrot und natürlich alle möglichen Obstsorten.

Schokoladenfondue mit Erdbeeren

Sommerzeit ist Erdbeerzeit. In diesem Fondue haben die roten Früchte ihren großen Auftritt – am besten beim Sonntagskaffee im Garten.

Zubereitung: 30 Minuten
Ergibt 6 Portionen

Zutaten

150 g Vollmilchschokolade
150 g Zartbitterschokolade
150 ml Milch
100 g Crème fraîche
2 EL Honig
2 EL Kakao
75 g Mandelstifte
600 g Erdbeeren

- Vollmilch- und Zartbitterschokolade mit einem Messer hacken. Milch und Schokolade in einem Topf langsam erhitzen, bis die Schokolade geschmolzen ist. Dabei immer wieder mit einem Holzlöffel umrühren.

- Crème fraîche, Honig und Kakao zufügen und verrühren, bis sich alle Bestandteile gelöst haben.

- Das Schokoladenfondue in einen Fonduetopf füllen, auf ein Rechaud stellen und warm halten.

- Die Mandelstifte in einer Pfanne ohne Fett goldbraun rösten und in das Schokoladenfondue geben.

- Die Erdbeeren waschen und trocken tupfen. Am Stielansatz das Grün mit einem kleinen Messer abschneiden.

- Die Erdbeeren auf Fonduegabeln spießen und in das Schokoladenfondue tauchen.

Tipp: Diesen süßen Fondueklassiker können Sie natürlich je nach Geschmack und Saison mit anderen reifen Früchten abwandeln.

Süße Fondues

Apfelfondue mit Puderzucker

Die süßen Apfel-Beignets schmecken sowohl zwischendurch als auch als Abschluss eines Menüs.

Zubereitung: 30 Minuten
Ergibt 6 Portionen

Zutaten

6 Boskop-Äpfel
Saft von 1 Limette

Für den Teig
250 ml helles Bier
250 g Mehl
3 Eier
30 ml Rapsöl
Abrieb von 1 unbehandelten Limette
Salz
Sonnenblumenöl zum Ausbacken
Mehl zum Wenden
Puderzucker zum Bestauben

▎ Die Äpfel waschen, trocken tupfen und mit einem Apfelentkerner das Kerngehäuse entfernen. Die Äpfel in Spalten schneiden und im Limettensaft wenden.

▎ Für den Teig das Bier in eine Schüssel füllen. Das Mehl in das Bier sieben und vermengen. Die Eier trennen und das Eigelb mit der Biermischung verrühren. Das Rapsöl zufügen und verrühren. Den Teig mit Limettenabrieb und einer Prise Salz würzen.

▎ Das Eiweiß mit ein paar Tropfen kaltem Wasser mit dem Handmixer steif schlagen, bis es weiße Spitzen zieht. Den Eischnee behutsam unter den Teig heben.

▎ Das Sonnenblumenöl im Fonduetopf auf 160 °C erhitzen, auf ein Rechaud stellen und heiß halten.

▎ Die Apfelspalten in Mehl wenden, jeweils eine Spalte auf eine Fonduegabel spießen und durch den Teig ziehen. Überschüssigen Teig abtropfen lassen und in dem heißen Öl in 2–3 Minuten goldbraun ausbacken.

▎ Auf Küchenpapier abtropfen lassen, mit Puderzucker bestauben und servieren.

Tipp: Die Äpfel können auch in Ringform in einem Frittiereinsatz im heißen Öl augebacken werden (siehe Bild).

Süße Fondues

Weißes Kokosfondue mit Ananas und Vanille

Geröstete Kokosflocken und ein Hauch Vanille verleihen diesem Fondue ein exotisches Aroma.

Zubereitung: 30 Minuten
Ergibt 6 Portionen

Zutaten

1 Ananas
350 g weiße Kuvertüre
100 ml Kondensmilch
50 ml Milch
1 Vanilleschote
4 cl Kahlua-Likör
4 EL Kokosraspel
½ Kokosnuss

- Die Ananas mit einem Messer schälen, halbieren, vierteln und die holzige Mitte längs herausschneiden. Die Viertel in mundgerechte Stücke schneiden.

- Die Kuvertüre mit einem Messer hacken und mit Kondensmilch und Milch bei geringer Temperatur im Fonduetopf unter ständigem Rühren schmelzen.

- Die Vanilleschote der Länge nach aufschneiden, das Mark herausschaben und in den Fonduetopf geben. Kahlua-Likör einrühren.

- Den Fonduetopf auf ein Rechaud stellen und warm halten.

- Die Kokosraspel in einer beschichteten Pfanne ohne Fett goldbraun rösten und in die Schokoladenmasse rühren.

- Die Kokosnuss aus der Schale lösen und mit einem Sparschäler in Streifen hobeln. Jeweils ein Ananasstück und einen Kokosnussstreifen auf eine Fonduegabel spießen und in das Fondue tauchen.

Tipp: Dieses Kokosfondue harmoniert auch sehr gut mit Bananen.

Süße Fondues

Vanillekrapfen-Fondue mit B52-Dip

Der luftige Kern in knuspriger Hülle hinterlässt einen bleibenden Eindruck.

Zubereitung: 45 Minuten
+ 55 Minuten Ruhezeit
Ergibt 6 Portionen

Zutaten

300 g Mehl + Mehl für die Arbeitsfläche
20 g Hefe
80 g Zucker
1 Vanilleschote
150 ml Milch
2 Eigelb
1 EL Rum
Salz
Sonnenblumenöl zum Ausbacken
B52-Dip (siehe Seite 156)

- Das Mehl in eine Schüssel sieben. In die Mitte eine Mulde drücken. Die Hefe zerbröseln, in die Mulde geben und mit 1 EL Zucker mischen.

- Die Vanilleschote der Länge nach aufschneiden und das Mark herausschaben. Vanillemark und Milch in einem Topf verrühren und leicht erwärmen. 3 EL Vanillemilch auf die Hefe gießen und das Ganze 15 Minuten abgedeckt an einem warmen Ort ruhen lassen.

- Restliche Vanillemilch, restlichen Zucker, Eigelb und Rum dazugeben und alles zu einem Teig verkneten, mit einer Prise Salz würzen. Den Teig abgedeckt an einem warmen Ort 40 Minuten gehen lassen. Zwischendurch den Teig einmal durchkneten.

- Den Teig nochmals kurz durchkneten, auf einer bemehlten Arbeitsfläche 1,5 cm dick ausrollen und Kreise von 2 cm Durchmesser ausstechen. Die Kreise bis zum Gebrauch auf einen Teller geben.

- Das Sonnenblumenöl im Fonduetopf auf 160 °C erhitzen, auf ein Rechaud stellen und heiß halten.

- Einen Teigkreis auf eine Fonduegabel spießen und in dem heißen Öl 3–4 Minuten ausbacken.

- Auf Küchenpapier abtropfen lassen und mit dem B52-Dip servieren.

Schokolade-Toffee-Fondue

Sahniger Karamell mit süßer Schokolade – eine unwiderstehliche Kombination!

Zubereitung: 30 Minuten
Ergibt 6 Portionen

Zutaten

250 g Vollmilchschokolade
250 g Toffee
130 ml Milch
2 EL Baileys-Likör
200 g Butterkekse
frische Früchte (Bananen, Beeren, Trauben, Kirschen)

- Die Vollmilchschokolade in Stücke brechen. Die Toffees in kleine Stücke schneiden. Schokolade und Toffeestücke mit der Milch in einem Fonduetopf erwärmen, bis sich alles aufgelöst hat und eine cremige Masse entstanden ist.

- Den Fonduetopf auf ein Rechaud stellen und den Baileys-Likör einrühren.

- Die Butterkekse in das Fondue tauchen und mit frischen Früchten genießen.

Süße Fondues

Erdnussbutter-Fondue mit Meersalz und süßer Brioche

Kleine Schleckermäuler lieben diese Variation ganz besonders mit Vanilleeis.

Zubereitung: 30 Minuten
Ergibt 6 Portionen

Zutaten

100 g Erdnüsse
2 EL Erdnussöl
10 g Zucker
250 g Vollmilchschokolade
100 ml Kondensmilch
50 ml Milch
1 TL Meersalz
8 Brioches (siehe Seite 146)

- Die Erdnüsse in einer Pfanne ohne Fett rösten, bis sie goldbraun sind und duften. Die Erdnüsse in ein hohes Gefäß füllen. Erdnussöl dazugeben und mit dem Stabmixer zu einer cremigen Masse mixen. Dabei nach und nach den Zucker einrieseln lassen.

- Die Vollmilchschokolade in Stücke brechen und mit Kondensmilch und Milch im Fonduetopf erwärmen. Sobald die Schokolade geschmolzen ist, die Erdnussbutter dazugeben und verrühren. Mit Meersalz würzen.

- Das Fondue auf ein Rechaud stellen und warm halten.

- Die Brioches in Stücke brechen, auf Fonduegabeln spießen und in das Fondue tauchen.

Süße Fondues

Zweierlei Schokoladenfondue

Ein verführerisches Duett aus Schokolade – für Schokoholics und alle, die es werden wollen.

Zubereitung: 30 Minuten
Ergibt 6 Portionen

Zutaten

300 ml Sahne
250 g weiße Kuvertüre
1 Vanilleschote
2 cl Tia-Maria-Likör
250 g Zartbitterkuvertüre
200 g Löffelbiskuit

- In einem Topf 130 ml Sahne aufkochen. Die weiße Kuvertüre hacken, hinzufügen und unter ständigem Rühren schmelzen.

- Die Vanilleschote der Länge nach aufschneiden und das Mark herausschaben. Das Vanillemark gut mit der Sahne-Kuvertüre-Mischung verrühren. Den Likör dazugeben und umrühren. Die Mischung warm halten.

- In einem zweiten Topf die restliche Sahne aufkochen. Die Zartbitterkuvertüre hacken, hinzufügen und unter ständigem Rühren schmelzen.

- Den Fonduetopf auf ein Rechaud stellen. Nun gleichzeitig beide Sahne-Kuvertüre-Mischungen so einfüllen, dass ein zweifarbiges Fondue entsteht.

- Löffelbiskuit in das Fondue tauchen und genießen.

Tipp: Zum Aromatisieren können Sie auch andere Likörsorten verwenden, zum Beispiel Grand Marnier.

Süße Fondues

Dunkles Schokoladen-Orangen-Fondue mit Honigbrot

Blitzschnell zubereitet und in der großen Runde serviert.

Zubereitung: 30 Minuten
Ergibt 6 Portionen

Zutaten

350 ml Sahne
40 g Kakao
250 g Zartbitterkuvertüre
3 cl Grand Marnier
Abrieb von ½ unbehandelten Orange
1 Honigbrot (siehe Seite 148)

- Die Sahne im Fonduetopf aufkochen. Den Kakao hineinsieben und auflösen. Die Zartbitterkuvertüre klein hacken, hinzufügen und bei geringer Temperatur schmelzen. Dabei immer wieder mit einem Holzlöffel umrühren.

- Grand Marnier und Orangenabrieb dazugeben und verrühren.

- Den Fonduetopf auf ein Rechaud stellen und warm halten.

- Das Honigbrot in 2 x 2 cm große Würfel schneiden, auf Fonduegabeln spießen und in das Fondue tauchen.

Süße Fondues

Schoko-Kirsch-Fondue mit Bananen

KiBa in seiner leckersten Form!

Zubereitung: 30 Minuten
Ergibt 6 Portionen

Zutaten

250 ml Sahne
350 g Zartbitterkuvertüre
2 cl Kirschwasser
125 g Sauerkirschen (aus dem Glas)
6 reife Bananen

- Die Sahne im Fonduetopf aufkochen. Die Zartbitterkuvertüre klein hacken und in der Sahne auflösen. Dabei immer wieder mit einem Holzlöffel umrühren.

- Kirschwasser und Sauerkirschen zufügen und alles verrühren.

- Den Fonduetopf auf ein Rechaud stellen und warm halten.

- Die Bananen schälen, in mundgerechte Stücke schneiden, auf Fonduegabeln spießen und in das Fondue tauchen.

Tipp: Beträufeln Sie die Bananenstücke mit etwas Zitronensaft, das verhindert ein Braunwerden der Bananen an der Luft.

Nutella-Fondue mit Buttercroissants

Dieses Fondue adelt jedes Sonntagsfrühstück.

Zubereitung: 30 Minuten
Ergibt 6 Portionen

Zutaten

200 ml Sahne
350 g Nutella
80 g Haselnüsse
6 Buttercroissants

- Die Sahne in dem Fonduetopf aufkochen. Nutella hinzufügen und in der Sahne schmelzen lassen. Dabei immer wieder mit einem Holzlöffel umrühren.

- Den Fonduetopf auf ein Rechaud stellen und warm halten.

- Die Haselnüsse grob hacken und in einer beschichteten Pfanne ohne Fett goldbraun rösten. Die Haselnüsse in das Fondue geben und verrühren.

- Die Buttercroissants in mundgerechte Stücke schneiden oder reißen, auf Fonduegabeln spießen und in das Fondue tauchen.

Tipp: Eine kalorienärmere Variante erhalten Sie, indem Sie die Sahne durch frische Milch ersetzen.

Süße Fondues

Butterscotch-Fondue mit Meersalz und Waffeln

Einmal ausprobieren – und Sie werden es für immer lieben.

Zubereitung: 30 Minuten
Ergibt 6 Portionen

Zutaten

300 ml Sahne
200 g dunkelbrauner Rohrzucker
1 Vanilleschote
100 g Butter
½ TL Meersalz
8 Waffeln

- In einem Topf Sahne und Rohrzucker verrühren, aufkochen und 7–10 Minuten bei mittlerer Temperatur kochen lassen.

- Die Vanilleschote der Länge nach aufschneiden und das Mark herausschaben. Das Vanillemark in die Sahne-Zucker-Mischung rühren.

- Die Butter in kleine Stücke schneiden und in die kochende Flüssigkeit rühren. Den Topf vom Herd nehmen.

- Die Butterscotch-Masse mit Meersalz würzen, in einen Fonduetopf füllen und auf einem Rechaud warm halten.

- Die Waffeln in mundgerechte Stücke brechen oder schneiden, auf Fonduegabeln spießen und in das Fondue tauchen.

Tipp: Alternativ können Sie die Waffeln auch in tiefen Tellern servieren und etwas Butterscotch-Fondue darübergießen (siehe Bild).

Süße Fondues

Honigfondue mit Mango

Verwenden Sie hochwertigen Waldhonig. Im Geschmack ist er kräftig-würzig mit einer leicht süßlichen Note.

Zubereitung: 30 Minuten
Ergibt 6 Portionen

Zutaten

400 ml Sahne
120 g Honig
1–2 EL Speisestärke
2 EL Milch
3 EL Butter
2 reife Mangos

- In einem Topf Sahne und Honig verrühren und langsam aufkochen. 5 Minuten leise köcheln lassen.

- In einer kleinen Schüssel die Speisestärke in der Milch auflösen und die Sahne-Honig-Mischung damit binden.

- Die Butter in die heiße Flüssigkeit rühren, bis sie geschmolzen ist.

- Das Honigfondue in den Fonduetopf füllen und auf einem Rechaud warm halten.

- Die Mangos schälen, zwei große Stücke Fruchtfleisch längs und dicht am Kern abschneiden. Die großen Mangostücke in Spalten schneiden.

- Die Mangospalten auf Fonduegabeln spießen und in das Fondue tauchen.

Tipp: Servieren Sie dazu einen Frischkäsedip.

Süße Fondues

Ahornsirup-Fondue mit Walnüssen

Je dunkler der Ahornsirup ist, umso kräftiger ist sein Aroma.

Zubereitung: 30 Minuten
Ergibt 6 Portionen

Zutaten

200 ml Kokosmilch
125 ml Ahornsirup
1 EL Speisestärke
250 ml Milch
2 EL Butter
80 ganze Walnusskerne
4 Äpfel
Saft von 1 Zitrone

▎ In einem Topf Kokosmilch und Ahornsirup verrühren und aufkochen. 5 Minuten einkochen lassen. Dabei immer wieder mit einem Holzlöffel umrühren.

▎ In einer kleinen Schüssel die Speisestärke in 2 EL Milch auflösen und die Kokosmilch-Ahornsirup-Mischung damit binden. Die restliche Milch zufügen, umrühren und aufkochen. Die Butter in der heißen Flüssigkeit auflösen.

▎ Das Fondue in einen Fonduetopf füllen und auf einem Rechaud warm halten.

▎ Die Walnüsse hacken und in einer beschichteten Pfanne ohne Fett anrösten. Die gerösteten Walnüsse in das Fondue streuen.

▎ Die Äpfel waschen, trocken tupfen und mit einem Apfelentkerner das Kerngehäuse entfernen. Die Äpfel in Spalten schneiden und mit ein paar Tropfen Zitronensaft beträufeln.

▎ Die Apfelspalten auf Fonduegabeln spießen und in das Fondue tauchen.

Tipp: Um den Kokosgeschmack zu verstärken, können Sie zusätzlich 2–3 cl Kokoslikör in das Fondue geben.

Süße Fondues

Frischkäsefondue mit Himbeerkonfitüre

Ob zum Frühstück oder Brunch – dieses schnelle Fondue wird alle begeistern.

Zubereitung: 30 Minuten
Ergibt 6 Portionen

Zutaten

400 g Frischkäse
150 ml Milch
250 g Himbeerkonfitüre
Saft von 1 Zitrone
2 EL Himbeergeist
½ Milchbrot
50 g Butter

▎ In einem Topf Frischkäse und Milch verrühren und langsam erwärmen. Die Himbeerkonfitüre einrühren und das Ganze einmal aufkochen. Mit ein paar Spritzern Zitronensaft und Himbeergeist abschmecken.

▎ Das Fondue in einen Fonduetopf füllen und auf einem Rechaud warm halten.

▎ Das Milchbrot in Würfel schneiden. In einer Pfanne die Butter zerlassen und die Brotwürfel darin von allen Seiten knusprig braten. Aus der Pfanne nehmen und auf Küchenpapier abtropfen lassen.

▎ Die Brotwürfel auf Fonduegabeln spießen und in das Fondue tauchen.

Tipp: Auch mit Gelees und anderen Konfitüren ist dieses Fondue einfach nur fruchtig, frisch und lecker.

Süße Fondues

Vanille-Grieß-Fondue mit Zimt und Zucker

Ein Klassiker als Fondue – perfekt für den nächsten Kindergeburtstag!

Zubereitung: 30 Minuten
Ergibt 6 Portionen

Zutaten

600 ml Milch
200 ml Sahne
1 Vanilleschote
80 g Weizengrieß
Abrieb von ½ unbehandelten Zitrone
80 g brauner Zucker
2 TL Zimt
6 süße Brezeln

- Milch und Sahne in einem Topf aufkochen. Die Vanilleschote der Länge nach aufschneiden und das Mark herausschaben. Das Vanillemark in die Milch-Sahne-Mischung rühren. Den Grieß einrieseln lassen und umrühren.

- Einmal aufkochen, die Temperatur reduzieren und das Grießfondue 10 Minuten leise köcheln lassen. Dabei ständig mit einem Holzlöffel rühren, damit nichts am Topfboden anbrennt.

- Den Zitronenabrieb unterrühren. Dann das Fondue in einen Fonduetopf füllen und auf einem Rechaud warm halten.

- Zucker und Zimt in einer Schüssel mischen. Das Fondue mit etwas Zucker-Zimt-Mischung bestreuen.

- Die süßen Brezeln in Stücke brechen oder schneiden, auf Fonduegabeln spießen und in das Fondue tauchen.

Tipp: Statt Zimt und Zucker können Sie auch Fruchtpüree unter das Grießfondue mischen.

Beilagen

Mehr als nur eine Zugabe

Bei einem rundum perfekten Fondue dürfen leckere Beilagen nicht fehlen. Ein beliebter Klassiker ist natürlich das Baguette. Für köstliche Abwechslung sorgen Grissini, Brioche, Nussbrot und Co. Dazu ein Apfel-Curry- oder Orangen-Meerrettich-Dip – und das Fondue wird zum echten Genusserlebnis. Das Gute ist: Die Brotbeilagen können Sie bereits am Tag zuvor backen. Die Dips gelingen mit wenigen Handgriffen und lassen sich im Kühlschrank ein paar Tage aufbewahren.

Beilagen

Grissini

Zubereitung: 50 Minuten
Ergibt ca. 25 Stück

Zutaten

450 g Mehl + Mehl für die Arbeitsfläche
8 g Salz
1 Prise Zucker
25 g frische Hefe
225 ml Wasser
50 ml Olivenöl

- Das Mehl mit dem Salz und dem Zucker in eine Schüssel sieben. In die Mitte eine kleine Mulde drücken. Die Hefe hineinbröseln und 3–4 EL warmes Wasser in die Mulde füllen, bis sich die Hefe gelöst hat.

- Nach 10 Minuten alles verkneten, nach und nach restliches Wasser und Olivenöl untermengen, sodass ein geschmeidiger Teig entsteht. Den Teig an einem warmen Ort abgedeckt 20 Minuten ruhen lassen und nochmals kurz durchkneten.

- Den Backofen auf 180 °C vorheizen.

- Den Teig auf einer bemehlten Arbeitsfläche 0,5 cm dünn im Rechteck ausrollen. Die kurzen Seiten nach innen einklappen, sodass sie etwa 1 cm überlappen, und mit dem Nudelholz andrücken. Mit einem scharfen Messer von der langen Seite dünne Streifen abschneiden und zu langen Grissini rollen und ziehen. Die Grissini auf einem mit Backpapier ausgelegten Blech verteilen, abgedeckt 15 Minuten gehen lassen und dann 10 Minuten backen. Aus dem Ofen nehmen und abkühlen lassen.

Tipp: Ein wahrer Blickfang sind in hohen Cocktailgläsern angerichtete Grissini – einfach mehrere dieser leckeren Knusperstangen in die Gläser stellen und ein wenig auseinanderfächern.

Beilagen

Nussbrot

Zubereitung: 120 Minuten
Ergibt 1 Brot

Zutaten

325 g Mehl + Mehl für die Arbeitsfläche
325 g Roggenmehl
25 g Salz
42 g Hefe
40 g Zucker
275 ml Milch
90 ml Sahne
75 g Butter
75 g Rumrosinen
80 g Walnüsse
3 Eier

■ Beide Mehlsorten mit dem Salz in eine Schüssel sieben und in die Mitte eine kleine Mulde drücken. Die Hefe zerbröseln und mit dem Zucker mischen. In die Mulde geben und 4–6 EL lauwarme Milch einfüllen, bis sich die Hefe gelöst hat. Den Vorteig bedecken und 10 Minuten ruhen lassen.

■ Restliche Milch und Sahne zufügen und alles zu einem geschmeidigen Teig verarbeiten. Die Butter schmelzen und zufügen. Rumrosinen, Walnüsse und Eier unterkneten. Den Teig an einem warmen Ort abgedeckt 30 Minuten gehen lassen.

■ Den Backofen auf 180 °C vorheizen.

■ Auf einer bemehlten Arbeitsfläche den Teig erneut durchkneten, zu einem Brotlaib formen und nochmals 10 Minuten ruhen lassen. Das Brot 60–70 Minuten backen. Aus dem Ofen nehmen und abkühlen lassen.

Kartoffel-Haselnuss-Brot

Zubereitung: 70 Minuten
Ergibt 1 Brot

Zutaten

250 g mehligkochende Kartoffeln
Salz
250 g Mehl
100 g gehackte Haselnüsse
42 g Hefe
3 Eier

■ Die Kartoffeln in Salzwasser kochen, schälen und durch eine Kartoffelpresse in eine große Schüssel drücken.

■ Mehl in eine Schüssel sieben, dann zu den Kartoffeln geben. Haselnüsse und 1 TL Salz mischen und untermengen. In die Mitte eine kleine Mulde drücken. Die Hefe in 3 EL lauwarmem Wasser auflösen und in die Mulde geben. Nach 10 Minuten alles zu einem geschmeidigen Teig verarbeiten und abgedeckt an einem warmen Ort 30 Minuten gehen lassen.

■ Den Backofen auf 190 °C vorheizen.

■ Den Teig in eine gefettete Kastenform (28 cm Länge) füllen und im vorgeheizten Backofen backen. Nach 10 Minuten die Temperatur des Ofens auf 160 °C regulieren und das Brot weitere 40 Minuten backen. Das Brot aus dem Ofen nehmen, abkühlen lassen und aus der Form stürzen.

Beilagen

Cracker

Zubereitung: 70 Minuten
Ergibt 2 Backbleche

Zutaten

750 g Mehl
75 g flüssige Butter
15 g Salz
375 ml Milch
4 Eier

▎Das Mehl in eine Schüssel sieben und mit Butter, Salz und Milch verkneten. Die Eier unterkneten, bis ein geschmeidiger Teig entsteht. Den Teig abgedeckt an einem warmen Ort 30 Minuten ruhen lassen.

▎Den Backofen auf 180 °C vorheizen.

▎Den Teig nochmals kurz durchkneten, mit einem Spachtel auf mit Backpapier ausgelegten Backblechen dünn verteilen und etwa 15 Minuten backen. Aus dem Ofen nehmen, abkühlen lassen und in unregelmäßige Stücke brechen.

Tipp: Als raffinierte Toppings können bei den Crackern frische Kräuter, Sesamsaat, Kümmel, Paprikapulver oder Kräutersalz zum Einsatz kommen. Bestreuen Sie den Teig vor dem Backen ganz nach Belieben.

Milchbrötchen

Zubereitung: 50 Minuten
Ergibt 6–8 Stück

Zutaten

500 g Mehl
25 g Hefe
10 g Zucker
250 ml Milch
50 g flüssige Butter
8 g Salz
1 Ei

- Das Mehl in eine Schüssel sieben. In die Mitte eine kleine Mulde drücken. Die Hefe zerbröseln, mit dem Zucker mischen und in die Mulde geben. 4 EL lauwarme Milch zugeben und den Vorteig abgedeckt 10 Minuten ruhen lassen.

- Den Backofen auf 180 °C vorheizen.

- Restliche Milch, Butter, Salz und Ei zufügen und alles zu einem glatten Teig verarbeiten. Aus dem Teig Brötchen formen und diese auf einem mit Backpapier ausgelegten Backblech verteilen. Vor dem Backen nochmals 15 Minuten an einem warmen Ort gehen lassen, dann 20–25 Minuten backen. Aus dem Ofen nehmen und abkühlen lassen.

Tipp: Die Brötchen passen wunderbar zu Käsefondues und lassen sich auch mit süßen Fondues kombinieren.

Beilagen

Brioche

Zubereitung: 60 Minuten
Ergibt 12–15 Stück

Zutaten

500 g Mehl + Mehl für die Arbeitsfläche
35 g Hefe
3 EL Milch
250 g Butter
7 g Salz
2 Eier
6 Eigelb

- Das Mehl in eine Schüssel sieben. In die Mitte eine kleine Mulde drücken. Hefe hineinbröseln und mit lauwarmer Milch auffüllen. Den Vorteig abgedeckt an einem warmen Ort 10 Minuten ruhen lassen.

- Butter, Salz, Eier und Eigelb zufügen und alles zu einem glatten Teig verarbeiten. Den Teig abgedeckt an einem warmen Ort 15 Minuten gehen lassen.

- Den Teig nochmals durchkneten. Kleine Kugeln aus dem Teig drehen und mit der Hand auf der bemehlten Arbeitsfläche rund und glatt formen. Die Brötchen auf ein mit Backpapier ausgelegtes Blech legen und nochmals 20 Minuten gehen lassen.

- Den Backofen auf 180 °C vorheizen und die Brötchen darin etwa 25 Minuten backen. Aus dem Backofen nehmen und abkühlen lassen.

Beilagen

Honigbrot

Zubereitung: 50 Minuten
Ergibt 1 Brot

Zutaten

750 g Mehl + Mehl für die Arbeitsfläche
3 EL Honig
2 EL Kakao
250 g Zucker
Abrieb von ½ unbehandelten Zitrone
1 Msp. Zimt
1 TL Natron
3 Eier
5–10 EL Milch

- Das Mehl in eine Schüssel sieben. Honig, Kakao, Zucker, Zitronenabrieb, Zimt und Natron hinzufügen. Eier ebenfalls dazugeben und alles verkneten. Nach und nach die Milch zufügen und weiterkneten, bis ein geschmeidiger Teig entstanden ist. Den Teig abgedeckt an einem warmen Ort 30 Minuten ruhen lassen.

- Den Backofen auf 180 °C vorheizen.

- Den Teig nochmals kurz durchkneten und auf einer bemehlten Arbeitsfläche ausrollen. Auf ein mit Backpapier ausgelegtes Blech geben und 20–25 Minuten backen.

Tipp: Raffiniert kombiniert – mit kräftigen Fleisch- und Käsesorten schmeckt das Honigbrot besonders gut.

Beilagen

Zuckererbsen-Dip

Zubereitung: 20 Minuten
Ergibt 3–4 Portionen

Zutaten

250 g TK-Erbsen
3 EL Olivenöl
100 g Frischkäse
Salz
Zucker
frisch gemahlener schwarzer Pfeffer

Die Erbsen in kochendem Wasser in 2 Minuten blanchieren oder einige Stunden vor der Zubereitung auftauen lassen.

Erbsen und Olivenöl in ein hohes Gefäß füllen. Mit einem Stabmixer in 3 Minuten zu einer glatten Masse pürieren. Die Masse durch ein feines Sieb streichen und mit dem Frischkäse verrühren. Den Dip mit Salz, Zucker und Pfeffer würzen.

Tipp: Servieren Sie den Dip zusammen mit Olivenöl zu Meeresfrüchten oder hellem Fleisch.

Beilagen

Apfel-Curry-Dip

Zubereitung: 25 Minuten
Ergibt 3–4 Portionen

Zutaten

3 EL Rapsöl
4 TL Currypulver
2 TL Zucker
1 Apfel
Saft von ½ Zitrone
100 g Mayonnaise
150 ml saure Sahne
Salz
1 Schale Kresse

- Das Rapsöl in einer Pfanne erhitzen. Currypulver hineinstreuen und mit einem Holzlöffel verrühren. 30 Sekunden rösten, bis es duftet. Zucker hinzufügen, umrühren und vom Herd nehmen. Die Currypaste in eine Schüssel füllen und abkühlen lassen.

- Den Apfel waschen, trocken tupfen und mit einem Apfelentkerner das Kerngehäuse entfernen. Die Äpfel in Würfel von 0,5 cm Kantenlänge schneiden. Mit Zitronensaft beträufeln.

- Mayonnaise und saure Sahne mit der Currypaste verrühren und mit Salz würzen. Die Apfelwürfel untermengen.

- Kurz vor dem Servieren den Dip mit frischer Kresse bestreuen.

Tipp: Geröstete Kokosflocken im Dip sorgen für ein exotisches Geschmackserlebnis. Probieren Sie diese Variante ruhig mal aus!

Beilagen

Orangen-Meerrettich-Dip

Zubereitung: 15 Minuten
Ergibt 3–4 Portionen

Zutaten

Saft und Abrieb von 1 unbehandelten Orange
2 EL Meerrettich
200 g Sauerrahm
50 g Mayonnaise
Salz
Zucker

- Orangensaft und -abrieb in einem kleinen Topf aufkochen und auf die Hälfte reduzieren. Abkühlen lassen.

- Meerrettich, Sauerrahm und Mayonnaise mischen und glatt rühren. Die Orangenreduktion zufügen. Mit Salz und Zucker abschmecken.

Tipp: Sollte der Dip nicht die gewünschte Konsistenz haben, rühren Sie einfach eine Prise Johannisbrotkernmehl ein und stellen den Dip für 10 Minuten kalt. Johannisbrotkernmehl ist ein geschmacksneutrales Bindemittel, das sich problemlos auch in kalten Speisen verarbeiten lässt.

Beilagen

B52-Dip

Zubereitung: 20 Minuten
Ergibt 3–4 Portionen

Zutaten

2 cl Irish-Cream-Likör
1 cl kalter Espresso
1 Prise Johannisbrotkernmehl
200 g Crème fraîche
50 g Mayonnaise
Salz
Zucker
frisch gemahlener schwarzer Pfeffer
1 Schale rote Shiso-Kresse

- Irish-Cream-Likör und Espresso mischen und mit Johannisbrotkernmehl binden.

- Crème fraîche und Mayonnaise in einer Schüssel verrühren. Irish-Cream-Espresso-Mischung zufügen und glatt rühren. Mit Salz, Zucker und Pfeffer würzen.

- Vor dem Servieren mit Shiso-Kresse bestreuen.

Register

A
Ahornsirup
 Ahornsirup-Fondue mit Walnüssen 130
 Käse-Whisky-Fondue mit Ahornsirup und Früchtebrot 26
Ananas
 Weißes Kokosfondue mit Ananas und Vanille 110
Apfel
 Apfel-Curry-Dip 152
 Apfelfondue mit Puderzucker 108
 Apfelkompott 46
Asia-Chicken-Nuggets-Fondue mit Mango 52
Asiatische Brühe mit Rinderfiletstreifen 79

B
B52-Dip 156
Bayerisches Obatzter-Fondue mit Brezn 38
Brioche 146
Brot
 Grissini 138
 Honigbrot 148
 Kartoffel-Haselnuss-Brot 140
 Milchbrötchen 144
 Nussbrot 140
Butterscotch-Fondue mit Meersalz und Waffeln 126

C
Cheddar-Fondue mit Spinat 24
Cracker 142
Curry
 Käse-Curry-Fondue mit Brokkoli und Reiscrackern 30
 Kokos-Curry-Fondue mit Tofu 81

D
Dips
 Apfel-Curry-Dip 152
 B52-Dip 156
 Erdnussdip 48
 Orangen-Meerrettich-Dip 154
 Paprika-Mayonnaise 51
 Zuckererbsen-Dip 150
Dunkles Schokoladen-Orangen-Fondue mit Honigbrot 120

E
Ente
 Entenbrustfondue mit Apfelkompott 46
 Ungarisches Paprikafondue mit Entenbratwürstchen 96
Erdnuss
 Erdnussbutter-Fondue mit Meersalz und süßer Brioche 116
 Erdnussdip 48

F
Feuriger Gemüsetopf 84
Fondue mit Honig-Ingwer-Lachs 58
Fondue mit italienischen Fleischbällchen 56
Fondue mit Kokosmilch und Kabeljau 88
Fondue mit Mozzarella in Pestokruste 62
Fondue mit Sashimi vom Thunfisch 64
Fondue mit Scampi und Zuckererbsen-Dip 66
Fondue mit Süßkartoffeln, gesalzener Butter und Maisplätzchen 68
Fondue mit Tempura-Gemüse und Apfel-Curry-Dip 60
Französisches Käsefondue 17
Frischkäse
 Frischkäsefondue mit Himbeerkonfitüre 132
 Frischkäsefondue mit Krabben 20
 Ziegenfrischkäse-Fondue mit Dill und Räucherlachs 3

G
Garnelen in Fischbrühe 76
Gemüsetopf, feuriger 84
Gorgonzola-Fondue mit Birnen und Walnüssen 34
Grissini 138

H
Hähnchen
 Asia-Chicken-Nuggets-Fondue mit Mango 52
 Hähnchen im Reispapier auf Gurken-Melonen-Salat 9
 Maishähnchenfondue Teriyaki mit Erdnussdip 48
 Salbei-Zitronenhuhn-Fondue 100
Honig
 Dunkles Schokoladen-Orangen-Fondue mit Honigbrot 120
 Fondue mit Honig-Ingwer-Lachs 58
 Honigbrot 148
 Honigfondue mit Mango 128
 Kalbsfondue in Honigsoja mit Sesam 86

I
Italienisches Kräuterfondue 82
Italienisches Pizza-Fondue 18

J
Jarlsberg-Fondue mit Schnittlauch und Steinpilzen 28

K
Kalbfleisch
 Kalbsfondue in Honigsoja mit Sesam 86
 Kalbsröllchen mit Spargel, Salbei und Speck 54
Kartoffel-Haselnuss-Brot 140
Käse-Curry-Fondue mit Brokkoli und Reiscrackern 30
Käsefondue, französisches 17
Käsefondue für Kinder 41
Käse-Whisky-Fondue mit Ahornsirup und Früchtebrot 2
Kokos
 Fondue mit Kokosmilch und Kabeljau 88
 Kokos-Curry-Fondue mit Tofu 81
 Weißes Kokosfondue mit Ananas und Vanille 110
Kräuterfondue, italienisches 82

L
Lachs
 Fondue mit Honig-Ingwer-Lachs 58
 Ziegenfrischkäse-Fondue mit Dill und Räucherlachs 3

Register

M
Mais
  Fondue mit Süßkartoffeln, gesalzener Butter und Maisplätzchen 68
  Maisfondue mit Tacos und Jalapeños 42
  Maishähnchenfondue Teriyaki mit Erdnussdip 48
Mango
  Asia-Chicken-Nuggets-Fondue mit Mango 52
  Honigfondue mit Mango 128
Mariniertes Schweinefilet mit Gemüsebrühe 98
Milchbrötchen 145

N
Nüsse
  Ahornsirup-Fondue mit Walnüssen 130
  Gorgonzola-Fondue mit Birnen und Walnüssen 34
  Kartoffel-Haselnuss-Brot 140
  Nussbrot 140
  Nussbrot 140
  Nutella-Fondue mit Buttercroissants 125

O
Obatzter-Fondue, bayrisches, mit Brezn 38
Orangen
  Dunkles Schokoladen-Orangen-Fondue mit Honigbrot 120
  Mariniertes Schweinefilet mit Gemüsebrühe 98
  Orangen-Meerrettich-Dip 154
  Wurstfondue mit Orangen-Meerrettich-Dip 70

P
Paprika-Fondue, ungarisches, mit Entenbratwürstchen 96
Paprika-Mayonnaise 51
Pizza-Fondue, italienisches 18

R
Rarebit-Style-Fondue 33
Rindfleisch
  Asiatische Brühe mit Rinderfiletstreifen 79
  Smoked Beef mit Paprika-Mayonnaise 51
  Zwiebelfondue mit Rindfleisch 94

S
Salbei
  Kalbsröllchen mit Spargel, Salbei und Speck 54
  Salbei-Zitronenhuhn-Fondue 100
Schokolade
  Dunkles Schokoladen-Orangen-Fondue mit Honigbrot 120
  Nutella-Fondue mit Buttercroissants 125
  Schoko-Kirsch-Fondue mit Bananen 122
  Schokoladenfondue mit Erdbeeren 107
  Schokolade-Toffee-Fondue 115
  Zweierlei Schokoladenfondue 118
Schweinefleisch
  Mariniertes Schweinefilet mit Gemüsebrühe 98
  Schweinefilet-Aprikosen-Fondue 103
Schweizer Käsefondue 14
Smoked Beef mit Paprika-Mayonnaise 51

Speck
  Kalbsröllchen mit Spargel, Salbei und Speck 54
  Speckfondue mit Stangenbohnen und Schwarzbrot 22

T
Tofu
  Kokos-Curry-Fondue mit Tofu 81

U
Ungarisches Paprikafondue mit Entenbratwürstchen 96

V
Vanille
  Vanille-Grieß-Fondue mit Zimt und Zucker 135
  Vanillekrapfen-Fondue mit B52-Dip 112
  Weißes Kokosfondue mit Ananas und Vanille 110

W
Walnüsse
  Ahornsirup-Fondue mit Walnüssen 130
  Gorgonzola-Fondue mit Birnen und Walnüssen 34
  Nussbrot 140
Wurst
  Cocktailwürstchen in Weingelee 74
  Ungarisches Paprikafondue mit Entenbratwürstchen 96
  Wurstfondue mit Orangen-Meerrettich-Dip 71

Z
Ziegenfrischkäse-Fondue mit Dill und Räucherlachs 36
Zitronenlamm mit Frühlingszwiebeln 93
Zuckererbsen
  Fondue mit Scampi und Zuckererbsen-Dip 66
  Zuckererbsen-Dip 150
Zweierlei Schokoladenfondue 118
Zwiebelfondue mit Rindfleisch 94

Einfach & anders

160 Seiten
ca. 120 Abb.
19,0 x 28,5 cm
Klappenbroschur

ISBN 978-3-86244-480-9

ISBN 978-3-86244-224-9

ISBN 978-3-86244-346-8

ISBN 978-3-86244-675-9

ISBN 978-3-86244-209-6

ISBN 978-3-86244-262-1

ISBN 978-3-86244-226-3

ISBN 978-3-86244-678-0

ISBN 978-3-86244-588-2

ISBN 978-3-86244-008-5

ISBN 978-3-86244-572-1

ISBN 978-3-86244-319-2

Alle Titel der Reihe erhältlich in Ihrer Buchhandlung oder unter
www.christian-verlag.de